FACULTÉ DE DROIT DE PARIS

LE BUDGET LOCAL DES COLONIES

THÈSE POUR LE DOCTORAT

Présentée et soutenue le Samedi 10 novembre 1900, à 8 h. 1/2

PAR

Georges FRANÇOIS
BREVETÉ DE L'ÉCOLE COLONIALE

Président : M. LÉVEILLÉ, *professeur*
Suffragants : M. ESTOUBLON, *professeur*; M. JACQUELIN, *agrégé*.

PARIS
ANCIENNE MAISON JOUVE
L. BOYER
Imprimeur-Éditeur
15, Rue Racine, 15
1900

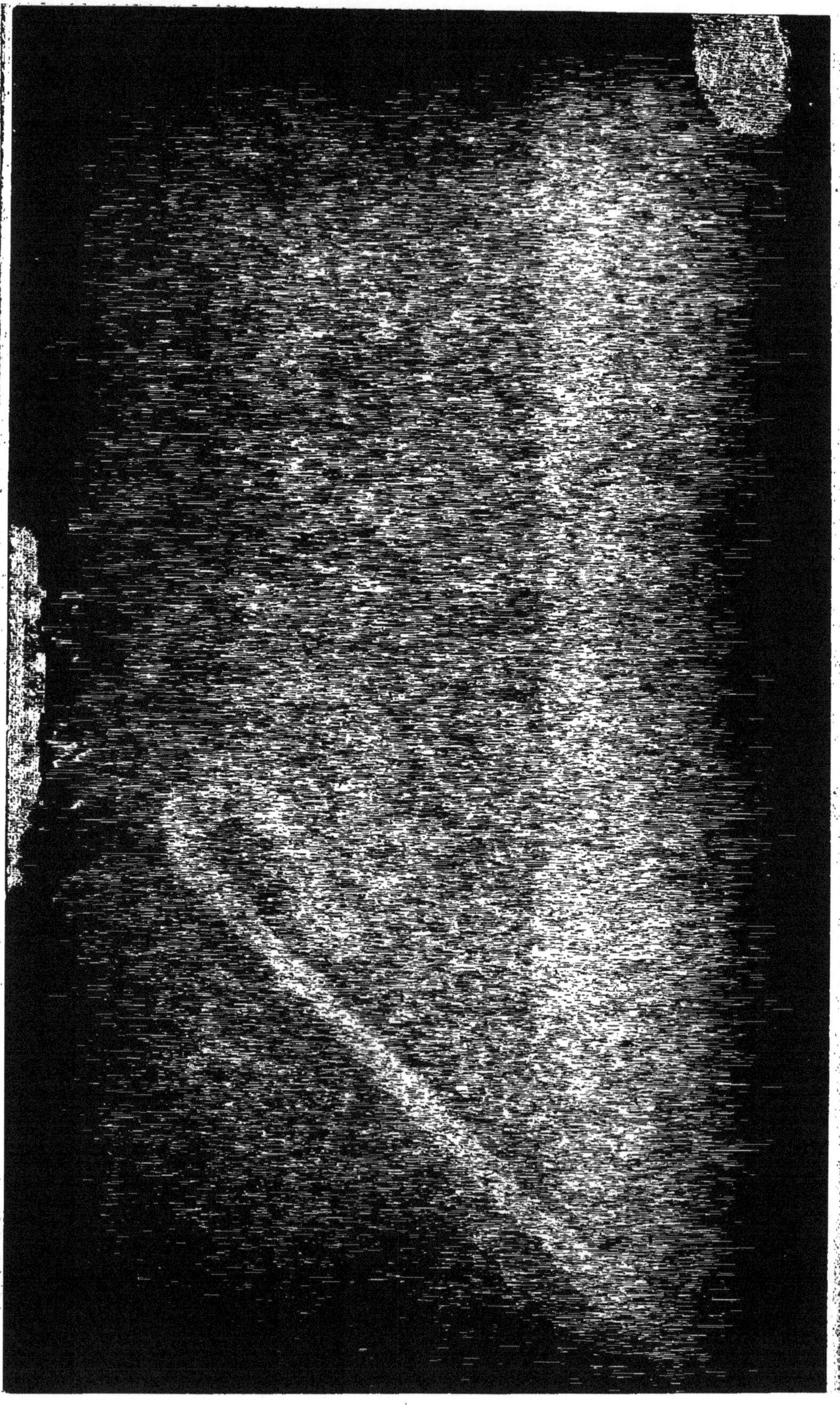

THÈSE

POUR LE DOCTORAT

La Faculté n'entend donner aucune approbation ni improbation aux théories émises dans les thèses ; ces opinions doivent être considérées comme propres à leurs auteurs.

FACULTÉ DE DROIT DE PARIS

LE

BUDGET LOCAL DES COLONIES

THÈSE POUR LE DOCTORAT

Présentée et soutenue le Samedi 10 novembre 1900, à 8 h. 1/2

PAR

Georges FRANÇOIS

BREVETÉ DE L'ÉCOLE COLONIALE

Président : M. LÉVEILLÉ, *professeur.*

Suffragants : M. ESTOUBLON, *professeur.*
M. JACQUELIN, *agrégé.*

PARIS

ANCIENNE MAISON JOUVE

L. BOYER

Imprimeur-Editeur

15, Rue Racine, 15

1900

Bibliographie

Alix. — Matières administratives (Cours Ecole des Sciences Politiques).

Cauwès. — Cours d'Economie Politique.

Chailly-Vert. — La Politique Coloniale de la France. L'administration d'une colonie sous l'ancien régime (Economiste français 1892).

Demartial. — La question du domaine aux Colonies.

Deschamps (Léon). — Histoire de la question coloniale en France.

Dislère. — Deux volumes. Traité de législation coloniale.

Duchène (A.). — Du régime législatif des colonies 1893 (Th.).

Ducrocq. — Cours de droit administratif.

Gide (Ch.). — A quoi servent les colonies (Revue de géographie 1886).

Girault (Art.). — Principes de colonisation et de législation Coloniale.

Isaac. — Questions coloniales : Constitutions et Senatus Consulte (1887).

De Lanessan. — L'expansion Coloniale de la France.

Leroy-Beaulieu (Paul). — De la Colonisation chez les peuples modernes. Traité de la Science des finances. La Colonisation au XIXme siècle.

Petit (Edouard). — L'organisation des Colonies, 2 volumes.

Rambaud. — La France coloniale.

De Saussure. — Psychologie de la Colonisation française.

Stourm. — Le Budget.

Recueils et Revues

Annales de l'Ecole libre des Sciences Politiques.
Bulletin officiel du Ministère des Colonies.
— — — de la Marine.
— des lois.
Journal officiel.
Revue Politique et Parlementaire.
Revue de Géographie.
Revue Coloniale.

Documents Parlementaires

Rapports sur le budget Colonial de :

MM.	Etienne	Exercice	1887
	Turquet..................	—	1888
	Leroy............	—	1889
	Leroy....................	—	1890
	Le Myre de Vilers....... ...	—	1891
	Delcassé..................	—	1892
	Chautemps................	—	1893
	Charles Roux.............	—	1894
	Terrier..................	—	1895
	Turrel...................	—	1896
	Siegfried................	—	1897
	Riotteau.................	—	1898
	Doumergue...	—	1899
	—	—	1900

INTRODUCTION

Par une décision du 30 janvier 1899, le Ministre des Colonies nomma une commission « chargée d'exa-
« miner les budgets locaux des colonies, tant au point
« de vue financier, qu'au point de vue des questions
« organiques qui s'y rattachent, afin d'amener, par
« des économies, ou par un meilleur emploi des res-
« sources locales, la réduction des subventions de la
« métropole. »

Depuis quelques années, en effet, l'opinion publique devenue plus attentive aux choses coloniales paraît s'être émue de la progression constante des dépenses que les colonies imposent au budget général de l'Etat et de l'accroissement des charges qui en résultent pour le contribuable métropolitain.

Un grand nombre de publicistes, un grand nombre d'hommes politiques, les rapporteurs du Budget colonial, ont appelé sur ce point, à diverses reprises l'attention des pouvoirs publics.

La commission des budgets locaux, instituée par Monsieur Guillain, répondait donc aux préoccupations qui avaient trouvé leur expression à la tribune du

Parlement comme dans la presse. Ses travaux ont été poussés avec une grande activité car, dès le 23 juin 1899, son rapporteur, M. Picquié, Inspecteur général des Colonies, soumettait au Ministre un long rapport, très documenté, dont les conclusions ont reçu l'approbation des Chambres.

La loi des finances du 13 avril 1900 faisait siennes les propositions de la Commission des budgets locaux et, dans son article 33, sanctionnait, après l'avoir amendée il est vrai, la réforme préconisée par cette Commission.

C'est dans cet article qu'est contenu le changegement le plus important apporté, depuis de longues années, dans la législation coloniale en matière de finances. Le Sénatus-Consulte de 1854 et 1866 « qui constituaient la Charte coloniale » se trouvent ainsi singulièrement modifiés.

La loi de finances du 28 avril 1893 avait déjà porté atteinte à la législation de 1866 en fixant dans son art. 42 les contributions à apporter par les colonies aux dépensesciviles et militaires qu'elles occasionnent et aux charges générales de l'Etat, en affirmant, ainsi d'ailleurs que le demandait le rapporteur, l'égalité de tous les Français devant l'impôt. C'était un essai de retour vers le système de l'assimilation. Mais, même après cette loi, les pouvoirs des Conseils généraux qui étaient maîtres des tarifs des taxes locales, qui délibéraient sur le mode d'assiette et leurs règles de perception, étaient intacts et l'œuvre des législateurs du Sénat du second Empire n'était pas entamée. Elle vient de l'être fortement par l'art. 33 de la loi de finances du 13 avril 1900. C'est cette nouvelle législation, toute à l'ordre du jour, sans effet rétroactif, applicable seulement pour l'exercice 1901, qu'il a paru intéressant de présenter dans son cadre naturel, c'est-à-dire dans l'étude du budget local.

Nous nous proposons donc d'exposer les règles qui président, aux colonies, à la préparation, au vote par le Conseil Général, à la discussion par le Conseil d'Administration, à l'exécution du service local. Nous insisterons plus spécialement sur les modifications que vient d'apporter, en matière de taxes locales, la loi de finances de l'exercice 1900, mettant ainsi la nouvelle législation en regard de l'ancien état de choses.

Cette étude présentera à son début (Chapitre I, Section I) une courte esquisse de la personnalité juridique de la Colonie, caractère qui permet à cette division administrative d'être sujet actif ou passif de droits, caractère grâce auquel elle peut posséder, être créancière, débitrice, intenter des actions en justice, transiger, faire emploi de ses recettes. Nous verrons de plus qu'elle a budget à elle, autonome, indépendant de celui de l'Etat.

Mais, avant d'énoncer la législation financière actuelle, il convient de montrer quels principes ont, aux différentes époques, dominé cette législation (Section II). On verra que les Colonies furent d'abord soumises à un régime d'assujettissement, devinrent sous la Révolution des départements coloniaux ; que l'Empire, préoccupé en Europe, les laissa abandonnées à elles-mêmes ; que la Restauration les dota de Conseils généraux avec pouvoirs sur les recettes ; qu'une loi de 1841 revînt au système de l'assimilation, mais qu'en 1854, puis, plus complètement en 1866, domina le système de l'autonomie financière, législation que vinrent modifier les lois de finances du 28 avril 1893 et du 13 avril 1900.

Il y aura lieu, ensuite (Chapitre II), d'examiner comment est établi le budget local. Nous suivrons pour cette partie l'ordre dans lequel se présentent, en réalité, les diverses phases du budget colonial.

Sa préparation par les autorités compétentes (Section I).

Son vote par le Conseil Général ou le Conseil d'Administration, et, plus spécialement ici, les pouvoirs qui sont dévolus au premier en matière de recettes et de dépenses (Section II).

Son approbation (Section III).

Le Budget une fois approuvé est définitif. Que contient-il en recettes comme en dépenses ? C'est à cette question que répondra le Ch. III (Contexture du Budget local).

Comment, enfin, est-il exécuté, c'est-à-dire comment sont recouvrés les produits des taxes et contributions, comment sont employés les crédits ?

Comment est-il procédé au paiement des dépenses, comment sont rendus les comptes ? C'est ce qui sera indiqué au Chapitre IV.

Puis, pour conclure, après un court aperçu sur

les colonies anglaises, nous étudierons en fait les budgets locaux, ainsi nous serons amenés à constater la prospérité financière de Colonies relativement jeunes comme la Guinée, la Côte-d'Ivoire, le Dahomey, pays dotés de Conseils d'Administration où le commerce local est largement représenté.

CHAPITRE PREMIER

Section I. — De la Colonie

Le mot colonie peut être pris dans un sens large ou dans un sens restreint.

Certains auteurs (MM. Harmand et L. de Saussure) (1) veulent réserver le nom de colonie proprement dite aux pays que l'Européen colonise ou peut coloniser, où il peut travailler le sol, vivre, se reproduire indéfiniment et se multiplier, laissant, faute de mieux, celui de possessions aux pays tropicaux ou subtropicaux, généralement étendus, peuplés d'une masse considérable d'indigènes plus ou moins policés, possesseurs du sol, où l'Européen ne peut vivre qu'à la condition d'un certain bien-être, où il ne peut être que le directeur, l'éducateur et le protecteur des indigènes.

Sans doute ces distinctions, qui différencient les colonies des autres établissements nommés posses-

(1) I. Harmand. — Préface à la traduction de l'Inde de sir J Strachey cité par L. de Saussure. — Psychologie de la colonisation française, p. 16 et suivantes.

sions par MM. de Saussure et Harmand, ont inévitablement leur répercussion sur le régime financier donné à ces pays les plus divers, régime qui fait l'objet de cette étude.

Mais, pour plus de commodité, on comprendra par le mot colonie, sans oublier cependant la physionomie spéciale de chacune d'elles, toutes les possessions qui dépendent du Ministère des Colonies, aussi bien la Nouvelle-Calédonie que la Réunion ou l'Inde, Chine, que le Dahomey, le Congo ou Madagascar.

Cette remarque faite, il convient de se demander ce qu'est, en droit public, la Colonie.

La Colonie personne morale. — On sait qu'au-dessous de l'Etat existent certains groupements politiques secondaires qui ont été dotés, par lui, d'une personnalité morale plus ou moins étendue. Tels sont en France, le Département et la Commune.

Telle est également la Colonie.

Quelle est l'étendue de la personnalité de la colonie ? Quels sont les droits qui lui sont expressément concédés ? Car, à la différence des individus qui possèdent tous les droits qui ne leur sont pas refusés, les groupements politiques secondaires ne peuvent prétendre qu'à ceux qui leur sont spécialement octroyés. Les seuls droits communs à tous ces groupements sont les droits patrimoniaux. C'est à ce seul point de vue qu'est envisagée ici la capacité juridique de la colonie. En effet, l'aptitude à être propriétaire, à exercer le droit de propriété, est le droit primordial de tout être quel qu'il soit. Dès qu'on lui donne le droit d'exister, il faut lui donner l'aptitude aux droits patrimoniaux, grâce à eux seuls il pourra se procurer ses moyens d'existence. Ces droits ont été accordés à la colonie comme à l'Etat, comme au département, mieux même qu'à ce dernier. Aussi la colonie peut-être, en tant que groupement personnalisé.

A. Propriétaire ;
B. Créancière et débitrice.

Pour bien faire ressortir la condition juridique de la colonie, il est utile de comparer sa capacité à celle du département, telle qu'elle résulte de la loi du 10 août 1871 et des actes qui l'ont précédé (loi du 28 pluviôse an VIII. — D. du 9 avril 1811, Lois des 10 mai 1838 et 18 juillet 1866).

A. La Colonie propriétaire

En France, le département est propriétaire des biens de son domaine privé et gardien des biens de son domaine public.

La question du domaine aux colonies est très controversée. Longtemps la doctrine et la jurisprudence ont interprété les ordonnances des 26 janvier et 17 août 1825 (1) portant constitution du domaine colonial comme « faisant remise en toute propriété « aux colonies des établissements publics et des pro- « priétés domaniales », sauf quelques exceptions expressément déterminées. Ce qui aboutit à dire qu'aux

(1) B. O. M. ref. I. p. 325.

colonies tout le domaine public ou privé est colonial ou local et non pas national. (En ce sens Girault, arrêt du Conseil d'Etat, 21 mai 1886 (1). Contra Dislère, N° 884. Théorie spéciale Demartial) (2).

Comme toute personne morale qui possède, la colonie peut en ce qui concerne le domaine privé et sous certaines formes requises :

1°) Faire des actes d'administration ;

2°) Faire des actes d'acquisition ou d'aliénation à titre onéreux ;

3°) Recevoir des dons et legs ;

4°) Avoir des actions à exercer en justice.

1°) *Actes d'administration.* — Le mode de gestion des propriétés de la colonie, les baux de biens donnés ou pris à ferme ou à loyer font l'objet des délibérations définitives du conseil général sauf annulation (Sen. Cons. 1866, art. 1, §§ 3 et 4).

L'analogie est complète sur ce point entre le conseil général de la colonie et celui du département. Il y a même identité parfaite entre les termes des § 3 et 4 de l'article 1 du sénatus-consulte et les § 2 et 3 de l'article 46 de la loi du 10 août 1871.

Cette analogie ne va pas subsister. Les actes de la Colonie vont être controlés de plus près, elle va sentir, plus que le département, les effets de la tutelle administrative.

2) *Ventes, échange, acquisitions à titre onéreux.* — Le Conseil général statue sur l'acquisition, l'alié-

(1) Recueil des arrêts Macarel, 1886, p. 426.
(2) V. Ch. III, p.

nation, l'échange, le changement de destination ou d'affectation des propriétés de la colonie quand elles ne sont pas affectées à un service public (art. 1, § 1 et 2 du Sén.-Cons. de 1866).

Dans la Métropole, les délibérations du Conseil général sont définitives, sauf annulation, lorsque ces actes ne sont pas relatifs à des propriétés limitativement déterminées, savoir : celles qui sont affectées au service de la préfecture ou des sous-préfectures, aux cours d'assises, tribunaux, écoles normales, casernement de la gendarmerie, prisons.

Lorsqu'il s'agit d'un immeuble affecté à un de ces services publics, la délibération du Conseil général n'est exécutoire que sauf suspension (a 46 1° et a 48 1° L. 1871).

Le Sénatus-Consulte de 1866 n'a pas voulu distinguer comme l'a fait la loi de 1871, entre les services publics. La même règle est édictée pour toutes les propriétés affectées à tous les serviees publics, sans qu'il ait été spécifié quels sont ces services. Cette disposition eut gagné en précision en ne généralisant pas et en déterminant quelques services les plus importants. On eut évité ainsi de voir surgir des interprétations différentes, partant des conflits qu'a du résoudre le Conseil d'Etat. On a du se demander notamment si l'aliénation de l'hôtel du Directeur de l'Intérieur peut être prononcée par le Conseil général. Le Conseil d'Etat a été d'avis le 11 janvier 1872 que la délibération du Conseil général à ce sujet devait être approuvée (Exemple cité par M. Dislère, t. I, p. 320).

3) *Dons et Legs.* — En matière d'acceptation ou de refus de dons et legs, les conseils généraux des colonies ne peuvent statuer définitivement que lorsque ces dons ou legs sont faits sans charge ni affectation immobilière et qu'ils ne soulèvent pas de réclamation des héritiers (art. 1, Sén.-Cons. 1866). Autrement la délibération du Conseil général doit être approuvée par réglement d'administration publique (art. 3, Sén.-Cons. de 1866 et Décret du 11 août 1866, art. unique).

Tels étaient également sur ce point les pouvoirs des conseils métropolitains avant la loi du 10 août 1871 qui leur confère (art, 46, 5°) des attributions plus étendues que celles des conseils coloniaux. En effet, lorsque le don ou legs ne donne pas lieu à réclamation de la famille, le préfet accepte en vertu de la délibération du conseil qui est définitive sauf annulation.

Sur ce point les pouvoirs du Conseil général l'emportent puisqu'il statue sur ces libéralités même au cas où il aurait charge et affectation immobilière.

S'il y a réclamation de la part de la famille, il faut un décret du pouvoir exécutif approuvant la délibération, discuté par le Conseil d'Etat en assemblée générale, si le legs ou don est de plus de 50,000 fr., en section, s'il est inférieur à ce chiffre (art. 7, § 5, D. du 2 août 1879).

Le préfet peut toujours, à titre conservatoire, accepter les dons et legs (art. 53). La décision du Conseil général ou du gouvernement, qui intervient ensuite, a effet du jour de cette acceptation (art. 53 *in fine*).

Rien de pareil ne se rencontre dans le Sénatus-Consulte de 1866. Cependant, il est permis de penser que le gouverneur ayant pouvoir de faire tous actes conservatoires nécessaires, peut, par conséquent, accepter à ce titre, des dons et legs. La délibération, définitive ou non, du Conseil général suivant les cas, intervient ensuite pour régulariser l'acceptation essentiellement provisoire du gouverneur.

4) *Exercice des actions en justice.* — Le Conseil général aux colonies statue (art. 1, Sen.-Cons. de 1866 § 5) sur les actions à intenter ou à soutenir au nom de la colonie. En France, le Conseil général (art. 46, § 15, loi de 1871) a des pouvoirs identiques. Ces deux assemblées statuent également sur les transactions qui concernent les droits de la colonie (§ 6, Sen.-Cons, 1866) ou du département (§ 16, loi de 1871).

Dans les actions à intenter ou à défendre le gouverneur a seul qualité pour représenter la colonie en justice. Le Décret du 12 juin 1879, constitutif des commissions coloniales, et les actes postérieurs qui les ont créées, n'ont rien changé à ce principe. Le Gouverneur peut, dans le cas d'urgence, intenter toute instance ou y défendre, faire tous actes conservatoires sans délibération préalable de l'assemblée locale (§ 5 *in fine*).

En France, c'est le préfet qui exerce les actions du département ; entre les sessions du Conseil général il peut défendre à toute action intentée contre le département, sur avis conforme de la Commission départementale. Il fait tous les actes conservatoires et interruptifs de déchéance (article 54).

Mais quid, si, dans une action, les intérêts de l'Etat d'une part, et ceux de la colonie ou du département d'autre part, sont en opposition ? En France, l'article 54 indique que, dans cette hypothèse, l'action est intentée ou soutenue au nom du département par un membre de la commission départementale désigné par elle. Le préfet représente donc alors l'Etat. Cette disposition n'a pas trouvé place dans les différents actes qui ont constitué les commissions coloniales.

En pareil cas, il serait possible aux colonies de procéder par analogie et de confier la représentation de la Colonie en justice à un membre de la commission coloniale choisi par elle. C'est la solution préconisée dans son traité de législation coloniale par M. Dislère (n° 398).

Le gouverneur seul peut défendre aux actions ; ce droit n'appartient pas au Ministre (1).

La procédure à suivre est indiquée dans le Décret du 5 août 1881 (2) sur l'organisation et la compétence des conseils du contentieux administratif des trois vieilles colonies et sur la procédure à suivre devant ces conseils. Cet acte a été suivi du décret du 7 septembre de la même année (3) qui rendit ces dispo-

(1) Recueil des arrêts Macarel, 9 avril 1875, p. 288. Réunion contre Crédit foncier colonial.

(2) B. O. M. 1881, 2e semestre, page 431.

(3) B. O. M. 1881, 1881, 2e semeltre, page 703.

sitions applicables à toutes les colonies françaises. Il prescrivit au demandeur le dépôt, avant toute action intentée contre la colonie, d'une requête introductive d'instance, dans les conditions formulées aux articles 5 et suivants du décret du 5 août 1881. C'est une analogie de plus avec la législation métropolitaine.

Dans les différentes manifestations de sa volonté, la colonie, on vient de le voir, a pu agir par l'intermédiaire du Gouverneur, à peu près aussi librement que le département par l'organe du Préfet. Les différences signalées ne sont pas essentielles, elles n'affectent que des points de détail. Elles tiennent surtout à ce que des modifications ont été apportées par la loi du 10 août 1871 au régime sous l'empire duquel se trouvaient les conseils généraux français lorsqu'intervint le Sén. Cons. de 1866. La surveillance exercée au point de vue administratif par l'Etat sur le groupement colonie n'est pas plus rigoureuse que celle à laquelle est soumis le département en tant que personne civile, en tant que propriétaire de biens. De sorte qu'il est permis de soutenir sans exagération que, à ce sujet, la législation française assimile la colonie aux départements surtout si l'on considère l'époque où fut opérée la décentralisation coloniale dont l'acte de 1866 est la consécration légale.

B. — La colonie créancière et débitrice

Tout autre est la situation de la colonie en face de l'Etat au point de vue financier. Créancière et débitrice, elle jouissait et jouit encore d'une situation véritablement privilégiée comparée à celle du département. Elle tient cette situation des Senatus Consulte de 1854 et de 1866.

Les recettes du budget départemental sont formées de l'ensemble des centimes additionnels ordinaires dont le nombre est fixé annuellement par la loi de finances, des centimes facultatifs que le Conseil peut voter dans la limite d'un maximum également déterminé par la loi de finances. Ce budget n'a pas de ressources propres.

Dans la colonie, au contraire, le Conseil général (les chapitres suivants de cette étude l'établiront) a l'initiative complète du choix des taxes à percevoir, il était sous le régime des Sénatus Consulte souverain maître du tarif de ses taxes. Le Conseil général délibérait sur le mode d'assiette et les règles de perception de ses contributions. Et, bien que la loi du 13 avril 1900 lui ait enlevé (article 33 § 3) cette maîtrise absolue des tarifs, il continue cependant à délibérer « sur « le mode d'assiette les tarifs et règles de perception « des contributions et taxes autres que les droits de « douanes, délibérations qui doivent désormais être « approuvées en Conseil d'Etat. »

Il lui est donc encore loisible d'introduire telle ou telle taxe et de fixer, sauf approbation, son tarif, ce que ne saurait faire le conseil général du continent qui doit se contenter, dans les conditions indiquées plus haut, des centimes additionnels aux quatre contributions directes votées par le Parlement.

Mais quand il s'agit de certaines recettes extraordinaires (les emprunts par exemple) les conseils généraux métropolitains ont plus de liberté, puisqu'aux termes de l'article 40 de la loi du 10 août 1871, ils votent les emprunts départementaux dont le délai de remboursement n'excède pas 15 ans.

L'autorisation doit être donnée à tous les emprunts des colonies sans exception.

Quant aux dépenses, leur division est la même dans les deux budgets. Les dépenses obligatoires des colonies dont la nomenclature se trouve soit dans la loi de finances du 13 avril 1900 a 33 § 2, soit dans le décret du 21 août 1900 avec ici le maximum, sont, il est vrai, plus nombreuses que celles imposées aux conseils métropolitains.

Mais cependant les Conseils Généraux coloniaux peuvent se mouvoir plus librement dans leurs dépenses (les dépenses obligatoires pourvues) par ce fait même qu'ils peuvent établir des taxes nouvelles et qu'ils peuvent donner aux dépenses facultatives l'amplitude qu'ils désirent. Ils n'ont à se préoccuper d'une part que du tarif à soumettre à l'approbation, de l'autre que des facultés contributives de la colonie.

Donc, en ce qui concerne les droits qui lui ont été donnés en tant que créancière et débitrice, la colonie a été de beaucoup mieux partagée que le département. Sa personnalité s'est trouvée renforcée par l'abandon que lui a fait l'Etat des recettes perçues chez elle, par l'autonomie qu'il lui a ainsi concédée. Car la personnalité (on l'a vu pour le département) n'entraîne pas pour le groupement qui en bénéficie le droit de garder les taxes et contributions levées sur son territoire. Personnalité et autonomie sont deux mots exprimant deux idées différentes qui ne s'impliquent pas. Mais l'autonomie développe ici la personnalité de la colonie, lui fait produire tous ses effets, la fait ressortir plus clairement.

Cet état de droit n'a été que le résultat d'une évolution historique qu'il y a lieu d'esquisser avant d'entreprendre l'étude du mécanisme financier de la colonie.

Section II. — Historique.

I. — Ancien régime. — Confusion du régime financier des colonies avec les finances des Compagnies. — Abandon par les Compagnies des finances coloniales à l'autorité royale.

A la fin du XVIe siècle, la royauté s'intéressant aux questions coloniales, songea à assurer le développement des colonies en accordant des privilèges à ceux qui voudraient tenter l'entreprise.

C'est ainsi que furent créées :

En 1598, la Compagnie du Canada.

En 1600, la Compagnie de Java Sumatra et Moluques.

En 1603, la Compagnie de la Nouvelle-France.

En 1604, la Compagnie des Indes Orientales.

Sous le ministère de Richelieu, le nombre de ces sociétés s'accroît dans des proportions telles qu'on en trouve partout : aux Indes, aux Antilles, en Amérique et jusque sur les côtes d'Afrique. Elles n'aboutissent qu'à des ruines.

Colbert voulut tenter une réforme ; voyant échouer les nombreuses compagnies, il pensa qu'un nombre plus restreint de sociétés privilégiées, disposant de capitaux plus considérables, moins sujettes à la concurrence, auraient des chances de réussite. Faisant passer son idée dans le domaine des faits, il partagea notre empire colonial d'alors en deux lots qu'il attribua, l'un à la Compagnie des Indes Occidentales, constituée en mai 1663, l'autre à la Compagnie des Indes Orientales, créée au mois d'août de la même année.

Cette tentative ne donna pas les résultats qu'en attendait Colbert.

Les désastres successifs de ces societés conduisirent la royauté à substituer son autorité à l'action des directeurs des Compagnies ; la Couronne gouverna directement les colonies.

Jusqu'à la fin du XVIIe siècle, de la fondation des Compagnies à leur dissolution, la personnalité de la colonie disparaissant dans celle de la compagnie, il ne saurait être question d'une règlementation financière spéciale de la colonie.

Il s'agit puremenr et simplement d'une exploitation commerciale aux risques et périls de ceux qui l'entreprennent : les finances de la colonie ne sont autres que celle de la Compagnie, les recettes et les dépenses constituent les bénéfices et les frais ou pertes de la Compagnie.

En un mot, souverainement propriétaires en vertu de leurs Chartres, des terres qui leur étaient octroyées, les sociétés exploitaient les colonies pour leur compte seul. Grevées en échange, au profit du roi suzerain, dont elles étaient vassales, de lourdes charges résultant d'obligations diverses, elles essayèrent de tirer des concessions tout ce qu'elles pouvaient donner, système qui aboutit à une exploitation à outrance des colonies, mais n'enrichit pas les actionnaires.

Les nouvelles compagnies qui se fondèrent plus tard furent déchargées de certaines obligations coûteuses (celles d'assurer la sécurité dans la colonie, d'y maintenir l'autorité royale en faisant observer les lois du royaume) d'où la nécessité pour le roi de pourvoir, aux lieu et place des compagnies, au service de la justice et à l'entretien d'une force armée sur le territoire concédé. Dans ces conditions, la Couronne devait songer à se créer des ressources nouvelles pour faire face aux nouvelles charges primitivement laissées aux compagnies, devenues siennes désormais; elle dut organiser aux colonies un système financier répondant à ces besoins. Le système choisi, adopté par la métropole pour ce régime financier, fut celui de l'assujettissement. Les colonies furent soumises aux mêmes impositions que la France. Au moyen de ces impôts le trésor royal subvenait aux dépenses coloniales. L'ancien régime établit donc le système financier des colonies sur les mêmes bases que celui de la métropole. De même que, seul en France, le roi avait droit de lever les impôts, de même, aux colonies, l'établissement et la perception des taxes étaient une prérogative exclusivement royale. Les Compagnies n'avaient plus que des entreprises purement commerciales.

Il était impossible d'imaginer assujettissement plus rigoureux et plus complet. La conséquence en était le refus de toute initiative locale à l'égard des impôts levés dans la colonie. Considérée comme une province française, il était naturel qu'on lui appliquât le régime le plus commun en France, non celui des pays d'état qui représentaient l'exception, mais bien celui des pays d'élection. De là l'absence de consultation des contribuables coloniaux par le pouvoir royal.

Ce régime peut ainsi se résumer. Substituée aux grandes compagnies pour assurer dans les établissements d'Outre-Mer la sécurité intérieure et extérieure, pour y faire respecter les lois et coutumes du royaume, la Couronne établit et perçoit sur place des contributions qui sont versées au trésor royal. Ces impôts constituent le prix forfaitaire moyennant lequel la Couronne pourvoit aux services de la sécurité, de la défense, de la justice, etc. Donc, pas de finances locales spéciales, elles font partie intégrante du trésor métropolitain qui prend à sa charge les services indiqués ci-dessus.

Cependant, en 1787, une ordonnance du 17 juin

organise aux Antilles une assemblée coloniale composée du gouverneur, de l'intendant et des députés des paroisses. Cette assemblée qui subsista jusqu'à la Révolution se réunissait deux fois par an pour établir l'assiette de l'impôt, indiquer les améliorations à apporter dans l'administration, etc... C'est la seule brèche qui ait été faite à l'assujettissement pratiqué sous l'ancien régime.

II. — *Révolution. — Assimilation des Colonies aux départements français*

L'idéal d'égalité et d'uniformité qui avait inspiré les institutions révolutionnaires devait trouver son application dans le régime adopté pour les colonies.

La Constituante ne manqua pas de proclamer dans les décrets des 8-10 mars 1790 le système de l'assimilation : « les colonies sont considérées comme « une partie de l'empire français ». Cet acte ajoute, avec l'emphase de l'époque « qu'elles jouiront de « l'heureuse régénération qui s'y est opérée... ». L'assemblée cependant n'a jamais entendu les assujettir à des lois qui pourraient être incompatibles avec leurs convenances locales et particulières. Chaque colonie devenait un département où se retrouvaient les divisions administratives de la France : même libéralisme en matière financière, bien que les colonies dussent contribuer, comme les départements métropolitains, aux charges générales de l'Etat. La Constituante alla plus avant, les contributions aux colonies devaient seulement acquitter les dépenses locales.

L'Assemblée législative et la Convention poussèrent plus loin l'assimilation financière des colonies. La constitution du 5 Fructidor an III déclare que les colonies, « faisant partie intégrante du territoire national, seront soumises aux mêmes lois que la métropole (art. 6). L'article 7 spécifie « qu'elles sont divisées en départements ainsi qu'il suit »...

Le 12 Nivôse, an VI, intervient la loi concernant l'organisation constitutionnelle des colonies qui consacre l'assimilation des « départements coloniaux » aux « départements continentaux ». Elle indique les moyens de pourvoir aux dépenses locales. Ces moyens sont « les contributions indirectes, les droits de timbre et d'enregistrement, le droit de patente, les droits d'importation et d'exportation, les droits de bac et passage de rivière, les domaines nationaux, un crédit ouvert aux Agents du Directoire sur la Trésorerie Nationale. La manière d'assurer et de percevoir les contributions directes et indirectes sera la même dans les départements coloniaux que dans ceux du continent, leur perception sera faite et surveillée par les mêmes fonctionnaires publics. Les droits de timbre et d'enregistrement seront établis et perçus dans les départements coloniaux d'après les lois existantes, cette partie du revenu public sera confiée à la même régie que les biens nationaux. Les lois rendues sur les patentes sont aussi déclarées applicables aux colonies ; ce droit sera perçu comme dans les départements continentaux... (Art. 35 à 38 inclus) : » Donc, les impôts établis et perçus dans les colonies, sont identiquement les mêmes que ceux dont sont frappés les contribuables métropolitains.

Mais quelles sont les dépenses couvertes par le produit de ces impôts ? « Le montant du produit, en principal, des contributions directes et indirectes et du revenu des domaines nationaux dans chaque colonie est affecté provisoirement à ses dépenses courantes. Le Directoire exécutif pourra en outre ouvrir à chacune des Agences un crédit sur la Trésorerie Nationale lequel sera imputé sur celui ouvert au Ministère de la Marine pour la dépense des colonies (Art. 52) ».

Le compte de l'Agence est donc étroitement rattaché au budget de l'état. De plus, séparation complète dans les comptes des dépenses publiques et des dépenses locales car « chaque Agence sera tenue de faire distinguer les dépenses publiques des dépenses locales et autorisera les administrations cantonales et munipales à repartir à raison de leurs besoins et à percevoir des centimes additionnels au principal des contributions directes pour l'acquittement des dépenses locales, qui sous aucun prétexte, ne pourront être acquittées sur les produits affectés aux dépenses publiques. » Enfin comme ressources extraordinaires l'art. 54 prévoit les emprunts. Tel était l'économie de cette loi d organisation financière calquée d'ailleurs sur celle de la métropole. Avec elle triomphe la politique d'assimilation.

III. — *Consulat et Empire. — Retour à l'assujettissement.*

Avec la constitution du 22 frimaire, an VIII, la thèse change. Les colonies se refusant à appliquer les lois métropolitaines, l'art. 91 de cette constitution stipule que le régime des colonies françaises sera déterminé par des lois spéciales : les colonies n'ont plus le droit d'élire de députés.

Le Consultat place les colonies sous la dépendance entière de la métropole qui y installe trois fonctionnaires supérieurs.

a) Un capitaine général, chef des forces de terre et de mer ;

b) Un préfet colonial, à qui incombe l'administration civile et la haute police ;

c) Un commissaire de justice, ayant l'inspection des tribunaux et des officiers ministériels.

Avec cette législation, plus de conseil, plus d'assemblée locale, toute participation des habitants à la gestion des intérêts locaux est supprimée. C'est le retour à l'assujettissement. Cette anomalie ne pouvait subsister, aussi un arrêté du 6 prairial, an X, prescrivit au préfet colonial de consulter un conseil de six habitants pour la répartition des impôts.

Les guerres de l'Empire en Europe, les pertes successives de beaucoup de nos colonies empêchent l'application des règles administratives projetées par la loi du 10 floréal, an X, qui avait soustrait les colonies au régime de la loi pour les soumettre à celui des décrets pendant dix ans.

La Constitution du 16 thermidor de la même année avait confirmé ces dispositions en confiant au sénatus consulte le soin de légiférer sur la constitution des colonies.

IV. — *Restauration. — Monarchie de Juillet. — Création des budgets locaux. — Les grandes ordonnances de 1825-27-28. — Loi du 24 avril 1833. — Autonomie financière.*

A la chûte de Napoléon, le traité de Paris du 30 Mai 1814, rendit à la France une partie de ses anciennes colonies. Il fallut donc se préoccuper du régime à donner aux établissements d'outre mer qui nous étaient rétrocédés. Aussi la charte constitutionnelle du 14 Juin 1814 décida-t-elle (art. 73) que les colonies seraient régies par des lois et règlements particuliers sans indiquer dans quel cas une loi serait nécessaire. En fait, d'ailleurs, ce sont des ordonnances qui, à cette époque comme plus tard, de 1825 à 1828, ont légiféré en matière d'organisation coloniale.

C'est en exécution de cet art. 75 de la Charte qu'intervint l'ordonnance du 12 décembre 1814, qui fait revivre l'organisation en vigueur avant 1789 avec les gouverneurs et les intendants.

En 1819 cependant, l'ordonnance du 29 novembre

créa aux Antilles, à Bourbon et à la Guyane un comité consultatif dont les membres étaient nommés par le Roi et qui pouvait donner son avis sur les budgets et les comptes. Cette organisation n'était pas en harmonie avec les institutions métropolitaines ; une commission fut nommée qui devait examiner les réformes à apporter au régime des Colonies. Elle prépara la rédaction des fameuses ordonnances, véritables actes constitutifs de nos vieilles colonies. Entre temps la loi du 20 Janvier 1825 avait décidé que toutes les recettes et les dépenses devaient appartenir aux colonies sauf celles de la guerre et de la marine. Ces ordonnances portent les dates suivantes :

Pour la Réunion 21 août 1825 (1).
» les Antilles, 9 Février 1827 (1).
» la Guyane, 27 août 1828 (2).

Rédigées dans le même esprit, rendues dans le même but, ces actes n'ont entre eux aucune différence quant à l'économie de leur politique et de leur administration. Elles admettent la concentration de la plénitude des pouvoirs dans la main d'un seul, le gouverneur. A côté de lui, dirigent, sous ses ordres, les différentes parties du service, 3 chefs d'administration responsables, savoir :

Un ordonnateur ;
Un directeur général de l'intérieur ;
Un procureur général du roi.

(1) Dislère 2me p. p. 15 et suiv.
(2) Dislère 2me p. p. 65 et suiv.

Un conseil privé composé, sous la présidence du gouverneur, des trois chefs d'administration et deux membres choisis dans le sein du conseil général éclairent les décisions du gouverneur, art. 5 (A), (1) 4 (R) (2).

Enfin un conseil général de 24 membres nommés pour 5 ans par le Roi « donne annuellement son avis sur les budgets et les comptes des recettes et des dépenses coloniales et municipales et fait connaître les besoins et les vœux de la colonie (a. 6 (A), 5 (R).

Au point de vue spécial de cette étude, il convient de revenir sur les pouvoirs conférés par ces ordonnances au gouverneur et à deux des chefs, l'ordonnateur et le directeur de l'intérieur.

Le gouverneur (a 20 (A) 19 (R) arrête chaque année pour être soumis au service colonial, le projet du budget des recettes et des dépenses du service intérieur de la colonie ; il pourvoit (a 22 (A) 21 (R) à l'exécution de ce budget voté par le conseil colonial et sanctionné par le pouvoir central ; il pourvoit également, s'il y a lieu, à l'exécution provisoire sans attendre la sanction ; il rend exécutoire (a 23 (A) 22 (A) les rôles des contributions directes.

L'ordonnateur (T. IV, ch. I) a 101 (A) 95 (R), officier supérieur de l'administration de la marine, est chargé, sous les ordres du gouverneur, de l'administration de la marine, de la guerre et du trésor..... et

(1) A = Antilles.
(2) R = Réunion. Notation adoptée par M. Dislère.

de la comptabilité générale pour tous les services ; il représente le Ministre des finances.

Quant au directeur de l'intérieur il est chargé, sous les ordres du gouverneur naturellement, de l'administration des contributions directes et indirectes (a 119 (A) 103 (R). Ses attributions comprennent (§ 2) l'examen des projets de budgets présentés par les communes, la surveillance de l'emploi des fonds communaux, la vérification des comptes y relatifs, la surveillance des receveurs municipaux et la vérification de leurs caisses (art. 120 (A) 104 (R).

De ce qui précède, il ressort que sous l'empire de ces ordonnances, le commissaire ordonnateur (1) eut la direction de toutes les branches de l'administration des services financiers, métropolitains et locaux. Les finances coloniales et locales étaient dans les mains de cet agent, dont le titre dit à lui seul les fonctions. L'on dirait aujourd'hui que le même fonctionnaire concentre l'administration des chapitres du budget colonial afférents à telle colonie et celle du budget local de cette colonie (2).

Telles étaient, dans leurs grandes lignes, les dispositions des ordonnances de 1825-27-29. Elles offrent ceci de remarquable qu'elles posent le principe de

(1) Officier du corps du commissariat de la marine.

(2) Le décret du 21 mai 1898 fait revivre cette règle en supprimant les fonctions de directeur de l'intérieur et en instituant le gouverneur ordonnateur secondaire du budget colonial et ordonnateur du budget local.

l'assimilation des colonies aux divisions administratives de la métropole et qu'elles consacrent en même temps leur autonomie financière ; car, n'est-ce pas consacrer le principe de l'autonomie financière que de laisser acquises aux colonies toutes les contributions y perçues, qu'elles qu'en soient la nature et l'origine, les colonies assurant le paiement, sur le produit de ces taxes, de toutes les dépenses autres que celles de la guerre et de la marine. Les conseils locaux prenaient part aux règlements des opérations financières intéressant la colonie seule, ils donnaient de plus leur avis sur les dépenses supportées par l'état et sur les économies possibles. C'est, en somme, le principe posé dans la loi du 20 janvier 1825, et que les ordonnances de 1825-27 et 28 ont appliqué.

En 1830, la charte du 14 août décide, conformément à une déclaration de la Chambre des députés, que (a 64) les colonies seront régies par des lois spéciales (1).

En exécution de cet article, intervient la loi du 24 avril 1833 et l'ordonnance du 31 mai 1838 (2). La loi du 24 avril 1833 établit une distinction entre les colonies ; elle divise nos possessions en deux catégories, savoir :

1° Les colonies soumises au régime de la loi et qui sont la Martinique, la Guadeloupe, la Guyane et la Réunion ;

(1) La charte de 1814 portait seulement des règlements particuliers.

(2) Modifiée par le règlement du 31 oct. 1840.

2° Les colonies soumises aux ordonnances, toutes les autres.

Cette distinction, fort importante, subsiste encore de nos jours bien qu'elle ait été très attaquée. Cette loi reproduit en ce qui concerne le régime financier et en les accentuant les dispositions des ordonnances de 1825-27-28.

Pour mettre ces ordonnances en harmonie avec la loi d'avril 1833, le pouvoir central rendit l'ordonnance du 22 août de la même année qui laisse intacts les principes posés par les ordonnances. Ces ordonnances, la dernière en date comprise, très libérales dans leur économie, introduisaient aux colonies en matière de finances, un large régime d'autonomie décentralisatrice.

Les quatre colonies de la Guadeloupe, la Martinique, la Réunion et la Guyane jouissaient de la garantie de la loi qui pouvait seule les réglementer (1), les autres demeurant soumises aux ordonnances (2). Les unes comme les autres restaient toutes maîtresses de leurs revenus dont elles décidaient souverainement, l'emploi, tout en continuant cependant à recevoir des subventions de la métropole.

Le conseil colonial composé de 30 membres nommés pour 5 ans discute, vote sur la présentation du gouverneur le budget de la colonie, il détermine également l'assiette et la répartition des contributions directes, il donne enfin son avis sur toutes les dépen-

(1) Art. 1, loi du 24 avril 1833.
(2) Art. 25 de la même loi.

ses militaires de l'Etat (art. 5, 6, 7, 13, lois 4 avril 1833, Cf. plus haut).

Ce système amena-t-il les résultats qu'on en avait attendus ? Donna-t-il lieu à de graves critiques ? En doctrine, on peut objecter tout d'abord que les colonies, maîtresses de leurs deniers, pouvaient quand même prètendre à l'octroi de subventions employées par elles sous le contrôle purement nominal de la Métropole. De plus, les conseils locaux devaient pourvoir à des services intéressant l'Etat qui aurait du sur ces points, ne pas aliéner son autorité au profit d'assemblées locales.

D'autre part, l'expérience démontra que les conseils coloniaux ne savaient pas user des prérogatives qui leur avaient été concédées. « En moins de 5 ans, 42 décrets coloniaux n'ont pu être revêtus de la sanction royale, la plupart pour des faits graves » dit le rapporteur de la loi de 1841 à la Chambre. Car, sous le régime de la loi de 1833 les conseils coloniaux réglaient par des « décrets coloniaux » tout ce qui ne rentrait pas dans le domaine de la loi ou des ordonnances.

« Les conseils ont tenté au nom de la même loi « d'empiéter sur les prérogatives du gouvernement « par les articles les moins susceptibles d'interpréta- « tion... Les ordonnances royales rendues en vertu « de la loi de 1833 ont été taxées par eux d'inconstitu- « tionnalité..... Malgré les résistances des gouver- « neurs ils votent des sommes considérables destinées « à des dépenses secrètes condamnées par les Cham-

« bres... En peu de temps la caisse de réserve de la « Martinique a été épuisée, celles de la Guadeloupe et « Bourbon décroissent rapidement... Enfin les sub- « ventions allouées par les chambres sont des causes « de conflits par la prétention des conseils qui ont « voulu en régler la quotité et l'emploi (1). »

L'amiral Duperré, dans l'exposé des motifs de la loi du 25 juin 1841 (2) à la Chambre des Pairs résume ainsi les reproches adressés sur leur manière de faire aux conseils coloniaux.

« L'art. 5 de la loi de 1833 a donné aux conseils « coloniaux des attributions dont ces corps politiques « n'ont pas usé avec la réserve convenable. Il nous « suffira de dire qu'on leur a vu refuser des crédits « nécessaires au paiement des dépenses dont la fixa- « tion est laissée au gouvernement ; que des traite- « ments réglés par des actes de l'autorité métropoli- « taine ont subi, sans nécessité, des réductions ou « même des suppressions qui étaient de nature à « compromettre le service ; que, d'un autre côté, des « allocations destinées à subventionner ici la presse « périodique ont été élevées à des sommes exhorbi- « tantes ; qu'enfin le taux de plusieurs contributions « locales ont successivement diminué au point d'ame- « ner chaque année des déficits. »

Tels étaient les motifs qui poussaient les adversaires de l'autonomie financière laissée aux colonies à

(1) Rapport à la chambre des députés par M. Lacrosse.

(2) Girault. Principes de colonisation et législation coloniale, page 479.

demander la restriction des droits des conseils locaux,

Si on ajoute aux critiques formulées par l'amiral Duperré que les assemblées locales pouvaient compter pour rétablir l'équilibre des finances de la colonie, compromis par elles, sur l'appoint d'une subvention de l'Etat, on aura énuméré toutes les objections émises contre le système alors en vigueur. Ce sont toutes ces raisons qui ont suffi au législateur de l'époque pour condamner l'autonomie financière accordée aux colonies par les grandes ordonnances de la Restauration. Laisser plus longtemps les conseils coloniaux gérer de la manière exposée ci-dessus par l'amiral Duperré certains services de l'Etat eût été dangereux. Discrédité par ceux-là mêmes qui bénéficiaient de l'indépendance du budget local, ce régime ne pouvait longtemps subsister. Aussi, dès 1840, une commission extra parlementaire fut chargée d'étudier des réformes à apporter à la législation des colonies. M. de Broglie, son rapporteur, conclut à la suppression des conseils coloniaux et à leur remplacement par de simples conseils généraux dépourvus d'attributions législatives.

V. — *Loi du 25 juin 1841 : Assimilation financière*

La loi du 25 juin 1841 (1) sur le régime financier des Antilles, de la Guyane et de Bourbon fit cesser l'état de choses créé par la loi de 1833. Les conseils

(1) B. O. M. ref III, p. 574.

coloniaux ne s'occupant pas assez, dans les budgets locaux qu'ils étaient appelés à discuter et voter, des dépenses générales, l'Etat prit à sa charge ces dépenses d'intérêt général et s'adjugea par contre, pour y pourvoir, certaines recettes laissées jusqu'alors aux colonies. Les recettes et les dépenses des colonies de la Martinique, de la Guadeloupe, de la Réunion et de la Guyane font partie des recettes et des dépenses de l'Etat et sont soumises aux règles de comptabilité du royaume. Les recettes et dépenses du service général sont arrêtés définitivement par la loi du budget. Les recettes et dépenses affectées au service intérieur continueront à être votées par les conseils coloniaux. Toutes dispositions contraires sont abrogées.

Dans cet article sont contenues toutes les réformes de la loi de 1841 qui reposent sur les basses suivantes :

a) Mise à la charge des fonds de l'Etat de la totalité des dépenses de souveraineté et d'administration générale qui se font dans les colonies et qui peuvent être assimilées aux dépenses de même nature que comprennent en France, pour les départements, les budgets de divers ministères ;

b) Perception pour le compte de l'Etat des contributions déjà établies sous le nom de droits d'enregistrement, de greffe, de douane et de navigation :

c) Assimilation du surplus des dépenses et des contributions coloniales aux dépenses et contributions départementales facultatives et extraordinaires qui figurent dans le budget général de l'Etat (1) mais seulement pour ordre et sous réserve du vote du conseil général (2).

Bien différent était le régime de la loi de 1833 qui portait — en dépenses : 1° les dépenses de souveraineté dites réservées ; 2° les dépenses se rattachant à la souveraineté mais soumises aux votes du conseil ; 3° les dépenses d'intérêt purement local ; — en recettes, les recettes des douanes, les droits de navigation, de timbre, de greffe, d'hypothèques indépendantes du vote du conseil colonial, et recettes résultant des contributions directes dévolues au vote de ces assemblées.

Ce simple rapprochement fait ressortir la différence des deux systèmes.

La loi de 1841 et l'ordonnance du 22 novembre de la même année (3), qui mettait d'accord cette loi avec les règles de la comptabilité publique, posaient un double principe : 1° ils faisaient une distinction fondamentale entre les services d'intérêt général (trop négligés par les conseils locaux) et les services d'intérêt purement local, les premiers désormais à la charge de l'Etat et figurant à son budget auquel ils sont « incorporés. »

2° Ils décidaient que toutes les opérations finan-

(1) Budget général de cette époque.

(2) Dans les tableaux F et G annexés à la loi, le partage des dépenses et des recettes coloniales est établi d'une manière analogue à la division qui existe pour les départements de la France et que consacre le tableau du service départemental annexé au budget de l'Etat.

(3) Duvergier, 1841, p. 643.

cières effectuées aux colonies seraient soumises, qu'elles intéressassent ou non l'Etat, aux mêmes règles de comptabilité publiques (la Cour des Comptes l'avait demandé maintes fois). Ils mettaient donc sur le même pied les dépenses coloniales (du budget de l'Etat) et les dépenses locales, ils les assimilaient au point de vue des règles comptables, leur imposant les mêmes justifications et le même contrôle.

Mais quels sont les services d'intérêt général dont l'Etat supporte les dépenses.

Comment, dans quel esprit sont-ils déterminés. Ce sont : Soldes et accessoires ;

Frais des gouvernements ;

Entretien du commissariat de la Marine ;

— des directions de l'intérieur ;

— des services financiers ;

— du service de santé.

Dépenses du culte :

— de la justice ;

— de l'Instruction publique ;

— des hôpitaux.

Dépenses d'intérêt commun à plusieurs colonies.

Ces dépenses constituent ce que, non sans raison, on a appelé les « dépenses de souveraineté » terme très élastique dans lequel on peut faire rentrer et on a fait rentrer toutes sortes de dépenses qui ne touchent que de très loin au droit souverain de l'Etat.

L'Etat allégeant les budgets locaux de ces dépenses, dites d'intérêt général, devait se réserver la perception, dans les colonies, de recettes correspondantes. Enlevant au budget local des dépenses d'une nature spéciale, il était naturel que l'Etat retirât à ce même budget les recettes nécessaires à l'acquittement des dépenses auxquelles prévoyait auparavant le conseil colonial.

C'est ainsi que les droits d'enregistrement de greffe, de timbre, les droits de douane et de port, les taxes de navigation furent en vertu de la loi du 25 juin 1841 complétée par l'ordonnance du 22 novembre suivant, perçus dans les colonies au profit exclusif de l'Etat.

Mais que pouvaient produire ces diverses contributions indirectes ? A part les droits de douane, le montant de ces taxes ne devaient pas être très élevé. Mais ce produit était-il au moins suffisant pour couvrir les nouvelles dépenses ressortissant au budget de l'Etat ? Il est permis de penser que non. D'ailleurs, la loi de 1841 et l'ordonnance subséquente n'excluaient pas la possibilité, pour les colonies, de bénéficier éventuellement des subventions.

Donc, pour peu que les dépenses d'intérêt général aient dépassé les recettes spéciales attribuées à l'Etat, il est bien évident que ce régime, surtout avec l'éventualité des subventions, devait être très onéreux pour son budget.

Il était à peine établi qu'on songea à le réformer. La Révolution de 1848 survint, qui apporta de graves modifications à la législation antérieure en supprimant (1) les conseils coloniaux et leurs délégués. Le

(1) Loi du 27 avril 1848.

gouverneur lui-même fit place à un Commissaire général de la République avec pouvoirs extraordinaires. Dans la métropole, une commission fut nommée en 1849 à l'effet de reviser la loi de 1841 ; elle élabora un projet qui contenait des réformes originales (1). Elles n'aboutirent pas. Les événements politiques d'alors firent perdre de vue ces règlements financiers étudiés en 1849, mais jamais promulgués. Ils ne furent pas néanmoins sans influence sur l'adoption du système de 1854, qui amenait le retour de l'autonomie financière des colonies.

VI. — *Sénatus-Consultes de 1854 et de 1866. — Nouveau retour à l'autonomie financière. — Decrets des 29 Août et 26 Septembre 1855. — Règlement financier du 14 Janvier 1869. — Décret de 1870. — Décret du 20 Novembre 1882.*

L'article 27 de la Constitution du 14 Janvier 1852 décidait que le Sénat réglerait par un sénatus-consulte : 1° la Constitution de l'Algérie et des Colonies. Ce fut ainsi que le sénatus-consulte, du 3 mai 1854 (2), régla l'organisation des colonies des Antilles et de la Réunion (3). Les autres colonies demeuraient régies

(1) Entre autres choses ce projet instituait pour chaque colonie une contribution annuellement fixée par la loi des finances, en remplacement des impôts réservés à la métropole dans chaque colonie.

( ) B. des lois de 1854, 1re S., p. 459.

(3) La Guyane rentrait cette fois dans le commun des colonies.

par de simples décrets impériaux (1) jusqu'à ce qu'il soit statué à leur égard par un sénatus-consulte (art. 18).

A la tête de chaque colonie des Antilles et de la Réunion est placé un gouverneur auquel sont confiés, sous l'autorité directe du ministre chargé des colonies, le commandement général et la haute administration (a. 9). Un conseil consultatif privé lui est adjoint ; ce conseil, avec l'adjonction de deux magistrats de la colonie, connaît du contentieux administratif dans les formes et sauf les recours établis par les lois et règlements (Ex. contentieux des impôts directs).

Un conseil général, succédant aux conseils coloniaux, nommé mi-partie par le gouverneur, mi-partie par les membres des conseils municipaux, nommés eux-mêmes en totalité par le gouverneur, est formé dans chaque colonie. Le conseil général n'a donc aucun caractère électif ; il émane demi-directement, demi-indirectement du représentant du pouvoir central. Le principe d'autorité se trouve dans ces conditions nettement affirmé. Plus de représentation au Parlement ; on se contenta (art. 17) d'établir près du Ministre de la Marine et des Colonies un comité consultatif composé de :

1° 4 Membres nommés par l'Empereur ;

2° 1 Délégué de chacune des trois colonies (2)

(1) C'est la distinction établie par la loi du 24 avril 1833 qui subsiste.

(2) La Guyane reste en dehors du Sénatus-Consulte

choisi par le conseil général pour deux ans et rééligibles;

3° Un ou plusieurs membres, nommés par l'Empereur, chargés de remplir l'office de délégués pour les colonies n'ayant pas encore de constitution.

Les attributions administratives du conseil général sont diminuées dans une forte proportion. C'est tout juste si l'on prend son avis sur « toutes les questions d'intérêt local dont les réglements lui réservent la connaissance ou sur lesquelles il est consulté par le gouverneur. »

Au point de vue des affaires purement administives, l'ancien conseil colonial, devenu conseil général subit une véritable *capitis diminutio*. Il ne rappelle que de loin les conseils généraux métropolitains Tout au contraire ses pouvoirs financiers s'étendent. Il vote :

1° Les défenses d'intérêt local ;

2° Les taxes nécessaires pour l'acquittement de ces dépenses, et pour le paiement, s'il y a lieu, de la contribution due à la métropole (1);

3° Les contributions extraordinaires et les emprunts à contracter dans l'intérêt de la colonie.

Les dépenses d'intérêt général de la Loi de 1841 ne disparaissent pas, on les retrouve dans le Sénatus-consulte de 1854, sous le nom de « dépenses de gouvernement et de protection. » L'Etat y pourvoit

(1) A l'exception des tarifs de douane qui seront réglés conformément à ce qui a été prévu aux art. 4 et 5 (a-3).

au moyen de crédits ouverts au budget général de la métropole. Elles concernent les matières ci-après savoir (2):

Gouvernement. — Administration générale. — Justice, cultes. — Subvention à l'instruction publique. — Travaux et services des ports. — Agents divers.

Et l'énumération ajoute cette formule qui manque de précision : « dépenses d'intérêt commun et généralement les dépenses dans lesquelles l'Etat aura un intérêt direct. » Les autres dépenses demeurent à la charge des colonies qui conservent toutes leurs recettes. Elles sont divisées (et c'est la première fois qu'on trouve cette distinction) en :

a) Dépenses obligatoires, c'est-à-dire dépenses que le conseil général doit prévoir et voter avant toutes autres dans les limites indiquées par l'Administration et que le gouverneur peut introduire d'office ou augmenter au cas où le conseil général ne les eut pas votées ou les eut insuffisament prévues.

b) Dépenses facultatives laissées à l'initiative complète des assemblées locales.

L'Etat incorpore donc à son budget général certaines dépenses de « gouvernement et de protection » dont la nomenclature reproduit à peu de chose près celle de la loi du 25 Juin 1841.

Mais il ne va pas en même temps, comme sous cette organisation, bénéficier exclusivement de contri-

(2) Art. 14.

butions limitativement déterminées ; il va, avec les mêmes charges, ne plus participer aux ressources réservées en 1841.

Il y a simplement possibilité pour les colonies dont les ressources contributives seront reconnues supérieures à leurs dépenses locales, d'avoir à fournir un « contingent » au Trésor public.

Mais, réciproquement, les colonies, dont les ressources contributives seront reconnues insuffisantes pour subvenir à leurs dépenses locales, pourront recevoir une subvention sur le budget de l'Etat. La loi annuelle des finances réglera la quotité du contingent imposable à chaque colonie ou, s'il y a lieu, la quotité de la subvention accordée.

Sans prétendre juger ce système, on peut dire que l'Etat fait à la colonie la part du lion. Il la dote de l'autonomie financière, il veut veiller lui-même à la prévision de certaine catégorie de dépenses qui l'intéressent plus ou moins directement, dépenses effectuées aux colonies, et il n'affecte à l'acquittement de ces dépenses que l'éventualité problématique d'un contingent fourni par les Colonies, dont le budget se solde par un excédent de recettes. La seule garantie pour l'Etat de la participation des colonies à ces dépenses, c'est la prospérité financière de ses possessions. La loi de 1841 montrait plus de prévoyance. Si elle n'avait pas posé l'obligation pour les colonies riches du contingent à apporter au trésor public, elle avait du moins assuré à l'Etat des revenus peut-être insuffisants pour couvrir les dépenses engagées de ce chef, mais en tout cas certains, en lui réservant la propriété de taxes déterminées.

En un mot, d'après le Sénatus-Consulte de 1854 les dépenses de l'Etat aux colonies ne changent pas, mais il abandonne toutes les ressources provenant de la loi de 1841 ; il impose, en remplacement, un contingent rarement payé, qui, aux époques de crises, devient absolument illusoire. Appliquant l'idée de solidarité financière entre la Métropole et les colonies il montre sa sollicitude pour ses établissements lointains, membres éloignés de la grande famille française, en les aidant, dans les moments difficiles, de subventions. Idée large, idée humanitaire, mais qui, au point de vue financier, peut amener des mécomptes pour le budget général de l'Etat.

Le sénatus-consulte avait posé le plan sans entrer dans les détails ; les décrets des 29 août et 28 septembre 1855 fixèrent minutieusement les règles d'application.

Le décret du 29 août 1855 (1) traitant de l'organisation du gouvernement et de l'administration des colonies, s'étendit surtout sur les attributions des différents rouages de l'administration locale, répartissant les devoirs et les attributions de chacun. Si l'ordonnateur continue d'exercer, en ce qui touche aux services compris au budget de l'Etat, les fonctions qui lui ont été dévolues par les ordonnances, c'est au Directeur de l'intérieur que sont confiés désormais les services dépendant de l'administration intérieure

(1) B. des lois, p. 359.

et afférents au budget local.

Le décret du 26 septembre1855 (1), sur le régime financier des colonies organisa, en son Titre II, d'une façon complète, le « service local », des colonies.

Il commence par définir son sujet ;

« Les recettes et les dépenses d'intérêt local à effectuer pour le service de chaque exercice forment, dans chaque colonie, le budget local de cet exercice. (a. 33).

Il distingue deux sortes de budget local.

Le budget local ordinaire.

Le budget local extraordinaire (2).

Par conséquent deux sortes de crédits correspondants :

Les crédits ordinaires,

Les crédits extraordinaires

Il établit également deux sortes de dépenses :

Les dépenses obligatoires.

Les dépenses facultatives.

Au budget ordinaire sont inscrits les crédits nécessaires à l'acquittement des dépenses locales ordinaires et c'est le conseil général qui détermine les voies et moyens applicables à la réalisation de ces crédits. Si ces crédits n'ont pas été suffisamment prévus, ou si d'autres crédits reconnus nécessaires après la

(1) B. O. M. ref. Tom. III, p. 783.

(2) Cette distiction de 2 budgets ne s'est pas maintenue, au contraire, on retrouve dans le D. du 20 nov. 1882 (a 41) les deux sortes de dépenses et de recettes, ordinaires et extraordinaires.

fixation du budget, n'ont pas été prévus du tout, le conseil général est appelé à voter des crédits supplémentaires ou extraordinaires. De plus, en cas d'urgence, et si le conseil général ne peut être réuni en session extraordniaire, ces crédits sont autorisés par le Gouvernement en conseilprivé et soumis à la ratification du conseil général à sa plus prochaine session.

C'est au budget local extraordinaire que sont compris, en recettes, les contributions extraordinaires appelées à faire face aux crédits de même nature, il comprend également en recettes les prélèvements sur les fonds de réserve, le produit des emprunts contractés et toutes autres ressources extraordinaires spécialement affectées à des travaux ou des entreprises d'intérêt local. En dépenses, le budget local extraordinaire contient les services auxquels ont été affectées les ressources spéciales.

Le décret du 26 septembre 1835 établit (a 48) les formalités à remplir par les colonies pour contracter un emprunt. C'est la première fois qu'un règlement financier contient des dispositions sur les emprunts. Ces emprunts doivent être préalablement autorisés par décret rendu sur la proposition du Ministre et sur avis du conseil d'Etat (décret d'autorisation). Ce même acte affecte à l'amortissement du capital et au paiement des intérêts certaines ressources spéciales. Le mode à suivre pour la réalisation de l'emprunt est également déterminé par ce même décret ; l'annuité à payer parla colonie au prêteur (amortissement du capital et arrérages) figure dans les dépenses obligatoires des colonies au titre de dettes exigibles. Ces règles n'ont pas changé de nos jours.

Enfin ce décret institue dans chaque colonie un fonds de réserve et de prévoyance.

Le rapide exposé des principales dispositions du décret en question montre qu'aucun point de détail n'a échappé à ses rédacteurs. Il reste la base fondamentale du service financier des colonies ; le décret du 20 Nov. 1882 s'en est inspiré dans une très large mesure.

Quelques années d'expérience firent apparaître dans le Sénatus-Consulte de 1854 deux imperfections.

Il avait le tort, disait-on, d'abandonner les principes libéraux posés dans les Ordonnances et de réduire dans une trop forte proportion les attributions purement administratives des conseils généraux, de beaucoup inférieures à celles reconnues aux conseils généraux métropolitains.

Dans un autre ordre d'idées, d'aucuns critiquaient la disproportion existant entre les dépenses de l'Etat aux colonies et les recettes qui devaient l'aider à couvrir ces dépenses. A ceci venait se greffer le système des subventions toujours réclamées alors que les contingents étaient difficilement payés, ce qui amenait annuellement un déficit assez considérable dans le budget général de l'Etat. Les dépenses de l'Etat aux colonies comprenaient en effet (art. 1 du décret du 26 Septembre 1855) : les dépenses des services militaires (personnel et matériel) ; les services mis à la charge de l'Etat par le Sénatus-Consulte de 1854 (art. 14) les subventions accordées aux colonies.

Pour faire face à ces dépenses l'Etat percevait comme recettes :

Les contingents ;

La rente de l'Inde ;

Le produit des ventes et cession de matériel appartenant à l'Etat.

Le Sénatus-Consulte du 4 Juillet 1866 (1), répondit à ces deux sortes d'objections.

En premier lieu il assimilait les conseils généraux des Colonies aux Conseils généraux des départements, ce qui ne l'empêchait pas d'augmenter leurs pouvoirs financiers.

1° D'abord au point de vue administratif et de la gestion des intérêts pécuniaires de la colonie les conseils généraux désormais.

a) Statuent : sur certains points (2).

b) Délibèrent sur certains autres.

c) Ils donnent enfin des Avis sur des questions d'intérêt colonial dont la connaissance leur est réservée par les réglements en vigueur ou sur lesquels ils sont consultés par le Gouvernement.

C'est la division tripartite des pouvoirs des conseils généraux de France, avec sensiblement la même étendue et portant à peu de chose près sur les mêmes

(1) Dislère II p. 298.

(2) Avec les réserves d'usage.

objets, que l'on retrouve dans le Sénatus-Consulte de 1866.

2°) En ce qui a trait plus spécialement aux finances locales le Sénatus-consulte de 1866 modifiait quelques dispositions de celui du 3 Mai 1854 et notamment celles se rapportant aux dépenses à la charge de l'Etat aux colonies ainsi qu'aux contingents et subventions. Le budget de la colonie reste à la délibération du conseil général ; il est arrêté par le Gouverneur, il comprend en « recettes » toutes les recettes de la colonie autres que celles provenant de la vente d'objets payés sur les fonds généraux du trésor et des retenues sur les traitements inscrits au budget de l'Etat ; il bénéficie, dans ces conditions, des taxes et contributions de toute nature nécessaires à l'acquittement des dépenses de la colonie. Les délibérations du conseil général à cet égard sont définitives et deviennent exécutoires, si dans le délai d'un mois le Gouverneur n'en n'a pas demandé l'annulation pour excès de pouvoirs ou violation de la loi. Le mode d'assiette et les règles de perception font aussi l'objet des délibérations de l'assemblée locale, mais elles doivent, pour être exécutoires, être soumises à l'approbation du pouvoir central qui statue par décret simple (Déc. du 11 Août 1866) (1). Un arrêté du gouverneur en conseil privé permet l'exécution provisoire. Le conseil général est donc maître des taxes et contributions, qu'il détermine et dont il fixe le tarif. De plus, le conseil général, con-

(1) Dislère, II, p. 301.

trairement à ce qui se passait en 1854, vote les tarifs d'octroi de mer ainsi que les droits de douane (1) sur les produits étrangers importés dans la colonie.

Figurent comme dépenses dans le budget local, toutes les dépenses autres que celles relatives au traitement du Gouverneur, au personnel de la Justice et des Cultes, au service du trésorier payeur, aux services militaires (a. 5). Ces derniers sont hors du budget local et restent payés par le budget général de l'Etat ; la liste en est moins longue que dans le précédent Sénatus-consulte, l'Etat avait éprouvé trop de mécomptes depuis 1854 avec la nomenclature bien plus complète des dépenses qu'il avait prises à sa charge ; il les réduit ici au strict minimum, en somme aux dépenses militaires puisque des contingents peuvent être imposés aux colonies jusqu'à concurrence des dépenses provenant des trois premiers articles de l'énumération de l'art. 5 (a. 68). L'Etat n'avait pu établir l'équilibre entre les contingents et les subventions, aussi est-il compréhensible qu'il ait essayé d'alléger ses charges en diminuant autant que possible sa part de dépenses coloniales. Il maintint cependant les subventions qui peuvent être accordées aux colonies sur le budget de l'Etat. Par contre, des contingents peuvent leur être imposés jusqu'à concurrence des *dépenses civiles* maintenues au compte de l'Etat. (Traitement des Gouverneurs, Justice et Culte. Service du trésorier-payeur) et jusqu'à

(1) Abrogé par la loi du 11 Janv. 1892.

concurrence des suppléments coloniaux de la gendarmerie et des troupes.

Mais le système de ces subventions n'avait rien de commun avec les obligations que le Sénatus-Consulte de 1854 imposait à l'Etat (art. 15) et qui, chaque année, allaient grandissant. Ces subventions étaient réglées irrévocablement chaque année par la loi de finances (art. 6).

Quant au budget nes dépenses purement locales, il est divisé en deux sections : 1° Dépenses obligatoires ; 2° Dépenses facultatives.

Les premières bien moins nombreuses qu'en 1854 sont (art. 7) ; les dettes exigibles ;

Le minimum des frais de personnel et de matériel de la Direction de l'intérieur fixé par Décret ;

Frais de matériel du personnel de la justice et des cultes ;

Frais de personnel et de matériel du secrétariat du gouvernement des ateliers de discipline et des prisons.

La part afférente à la Colonie dans les frais de personnel et de matériel de l'instruetion publique et de la police générale et dans les dépenses des enfants assistés et des aliénés ;

Le casernement de la gendarmerie ; le rapatriement des émigrants à l'expiration de leur engagement ;

Les frais d'impression et des budgets et comptes de recettes et de dépenses au service local et des tables décennales de l'Etat-civil ;

Le contingent qui pouvait être imposé à la Colonie ;

Enfin un fonds de dépenses diverses et imprévues dont le minimum est déterminé chaque année par le ministre et qui est mis à la disposition du Gouverneur.

Les dépenses de la 2e section du budget des dépenses facultatives sont *a fortiori* votées par le Conseil général. Elles ne peuvent être ni changés, ni modifiées par le Gouverneur. Les délibérations et votes du Conseil général sur ce chapitre, sont définitifs. Deux exceptions cependant ont été prévues.

Cette législation fait apparaître que les Colonies sont propriétaires de la totalité des taxes perçues sur leur territoire. Les pouvoirs reconnus au Conseil général en matière financière, beaucoup plus amples que ceux qui lui avaient été accordés en 1854, dépassent eux-mêmes ceux attribués aux Conseils généraux de la Métropole.

Là ne s'arrêtent pas les différences qui existent entre le budget départemental et le budget local. Bien que cet exposé trouve mieux sa place dans un chapitre suivant (1) il est utile d'indiquer sommairement ici les principales différences de législation de ces deux sortes de budgets. il sera possible aussi de mieux faire ressortir la plus grande indépendance du budget local, l'extension plus forte des pouvoirs des Conseils généraux coloniaux par rapport aux conseils métropolitains.

Depuis 1854, le budget local est nettement séparé

(1) Chap. II. Vote du budget page 108 et suiv.

du budget de l'Etat, plus nettement encore en 1866.

Le budget départemental dut attendre 1893 pour n'être plus incorporé au budget de l'Etat (1).

Le budget local est alimenté par des ressources propres : les contributions et taxes locales. Le budget départemental ne tire ses recettes que des centimes additionnels au principal des contributions directes indépendantes, il n'a donc pas de recettes lui appartenant exclusivement.

Approuvé par le Gouverneur, le budget local est rendu exécutoire par ce fonctionnaire en conseil privé.

C'est un décret qui est nécessaire pour approuver le budget départemental.

La durée de l'exercice est plus longue pour le budget local que pour le budget départemental. La gestion va du 1er juillet au 30 juin ; en France du 1er janvier au 31 décembre.

Mais, par contre, les dépenses obligatoires sont plus nombreuses dans le budget local, le gouvernement, dans le budget départemental, n'a aucun pouvoir sur les dépenses facultatives. Pour le budget local, au contraire, le gouverneur peut apporter, dans certains cas, des réductions dans les dépenses facultatives, une fois voté le budget départemental ne peut être modifié que par le conseil général.

Aux colonies le gouverneur peut opérer des

(1) Le vote du budget colonial par le conseil général a lieu par chapitres lesquels sont répartis par articles par les soins du Directeur de l'intérieur. Dans la Métropole, le budget départemental est voté par articles.

virements dans les dépenses obligatoires. Sur les points importants, l'avantage reste au budget local. Le conseil général colonial a plus de pouvoirs que son analogue en France, car il détermine les taxes et contributions à percevoir et il était le maître du tarif de ces taxes. Le Sénatus-Consulte de 1866 marquait un grand pas en avant, son œuvre était durable.

De même qu'à la suite du Sénatus-Consulte de 1854, était intervenu le décret du 26 septembre 1855 réglant l'application des points de détail, de même, en 1869, parut le 14 janvier, un règlement ministériel sur le régime financier des colonies (article 282 et suivants). Ainsi les règles financières adoptées aux colonies étaient en harmonie avec les dispositions du décret sur la comptabilité publique du 31 mai 1862 et avec les modifications apportées dans le régime colonial par le Sénatus-Consulte du 18 juillet 1866. Il n'était applicable et ne réglementait (comme celui de 1854 d'ailleurs) que la constitution des trois vieilles colonies, la Guadeloupe, la Martinique et la Réunion.

Mais, c'est de son économie que se sont inspirés les divers actes qui, après 1866, ont doté certaines de nos colonies de conseils généraux, qui jouissent d'attributions aussi complètes que ceux des colonies dont le sénatus-consulte réglait la constitution. De sorte qu'il est permis de dire qu'au point de vue adminisiratif cet acte demeure la base de la législation coloniale et qu'il formait le fonds de la législation financière jusqu'aux lois de finance du 28 avril 1893 et du 13 avril 1900.

Des conseils généraux analogues à ceux qui fonctionnent à la Martinique, à la Guadeloupe, à la Réunion, ont été institués :

A la Guyane, par un décret du 23 décembre 1878(1).

Au Sénégal, par un décret du 4 février 1879 (2).

Dans l'Inde, par un décret du 25 janvier 1879 (3).

A Saint-Pierre et Miquelon, par un décret du 2 avril 1885 (4).

A la Nouvelle-Calédonie par un décret de la même date (5).

Dans les Etablissements français d'Océanie, par un décret du 28 décembre 1885 (6).

Ces colonies sont les seules où fonctionnent des conseils généraux ; dans nos autres possessions c'est une assemblée spéciale, le conseil d'administration composé, sous la présidence du gouverneur, des principaux chefs d'administration et de négociants ou habitants notables, qui remplace dans l'établissement du budget local, le conseil général des colonies énoncées ci-dessus. Il ne rappelle que de très loin les conseils élus puisque ceux qui en font partie sont, pour la majorité, des fonctionnaires et que ceux

(1) Dislère, II, p. 432, modifié 24 juillet 1885, 2 juillet 1887, 23 novembre 1887, Commission Coloniale du 2 mai 1882.

(2) Dislère, II, p. 451. Commission coloniale, 12 août 1885.

(3) Dislère, II, p. 440.

(4) Dislère, II, p. 770.

(5) Dislère, II, p. 783.

(6) Disléré, II, p. 850.

choisis en dehors de l'administration sont nommés par le gouverneur. Il est analogue aux anciens conseils coloniaux dont les membres étaient nommés par le Roi ou l'Empereur. — Il a été établi :

A la Guinée française (décret du 17 sept. 1891 (a 8).

A la Côte d'Ivoire (décret du 26 janvier 1895).

Au Dahomey et dépendances (décrets du 27 mars 1896 et 4 février 1897).

Au Congo (décret du 28 septembre 1897 (a 6).

A la côte française des Samolis (D. 28 août 1898 (a. 2).

Ces conseils d'administration des colonies de la Cote occidentale d'Afrique et de la côte Somali ont été réorganisés par un décret unique du 11 octobre 1899 qui, art. 1, a apporté une uniformité compléte dans leur composition et a donné une large place à la représentation des intérêts économiques, en portant de deux à trois le nombre des membres choisis parmi les habitants notables.

A Madagascar et dépendances (Diégo, Ste-Marie, Nossi-Bé) décret du 3 août 1896).

A Mayotte et aux Comores (D. du 9 sept. 1899, a 4 et 5).

Enfin particularité spéciale, un décret du 10 août 1899 (J. O. 1899 n° 216 p. 5406) decide que les îles Marquises, les Tuamotou, les Gambiers, Tubuaï et Rapa, forment autant d'établissements distincts parmi les établissements français d'Océanie.

Les budgets des recettes et des dépenses de chaque archipel sont arrêtés et rendus exécutoires par le gouverneur en conseil privé. Les comptes sont arrêtés dans la même forme.

L'assiette, le tarif, les règles de perception et le mode de répartition des contributions (les droits de douane et d'octroi de mer exceptés qui restent soumis au régime de Tahiti) sont déterminés par arrêtés du gouverneur en conseil privé. C'est également le gouverneur qui répartit entre chaque archipel les produits des douanes et de l'octroi de mer.

Restent nos possessions d'Extrême Orient. En fait de législation coloniale, nos colonies de l'Indo-Chine jouissent d'un régime spécial au point de vue administratif comme au point de vue financier. Cette organisation est tellement à part dans nos règles d'administration coloniale qu'il suffit de décrire à grands traits ici, pour n'y plus revenir, les règles qui président aux finances indo-chinoises. Cette organisation particulière a été étudiée d'une façon très approfondie dans une thèse remarquable de M. Demorgny, vice-résident en Indo-Chine.

En 1887, un décret du 17 octobre, créait ce qu'on a appelé « l'Union Indo-Chinoise », réunion sous une même autorité de nos colonies de la Cochinchine, de nos protectorats de l'Annam, du Tonkin et du Cambodge. Ce décret comportait également l'institution d'un budget général de l'Indo-Chine, création éphémère, car le budget général fut supprimé par décret du 11 mai 1888 (1). La Cochinchine retrouvait ainsi

(1) B O C — 1888 — 378.

l'autonomie et la personnalité financière qu'elle avait perdues en 1887, son budget local, fixé en piastres, régi par des règles absolument spéciales, était arrêté par le Gouverneur général en Conseil supérieur. Il comprenait la presque totalité des services effectués dans la colonie, les dépenses à la charge de l'Etat étant fort réduites. C'est ainsi que la colonie paie des dépenses civiles telles que celles relatives à la Justice et aux Cultes, des dépenses militaires telles que celles résultant de l'entretien du régiment de tirailleurs annamites. De plus la Cochinchine abandonne 1/3 de ses recettes à la Métropole sous la forme d'un contingent qui dépasse à lui seul le total des contingents apportés par toutes les colonies. Elle a contribué pour six treizièmes aux dépenses d'occupation du Laos. Enfin les règles de comptabilité publique, conformes d'ailleurs aux principes du règlement financier du 14 janvier 1869, ont fait l'objet d'actes spéciaux à nos possessions indo-chinoises (a. 227. — Décret du 20 nov. 1882).

En ce qui concerne le budget du protectorat de l'Annam-Tonkin un décret du 8 Février 1892 réorganise le service de la trésorerie.

En 1898, on est revenu aux principes de 1887 et un budget général a été créé le 31 Juillet. A ce budget général, sont inscrites toutes, les dépenses d'intérêt commun. Il est arrêté, en Conseil supérieur de l'Indo-Chine (1) par le Gouverneur général. Il est approuvé par décret rendu en Conseil des Ministres, sur

(1) Ce conseil a été organisé par décret du 3 juillet 1897.

la proposition du Ministre des Colonies. Les comptes en sont fournis au Parlement

Il pourvoit aux dépenses suivantes :

1° Du gouvernement général et des services qui en dépendent directement ;

2° De l'Inspection mobile des Colonies ;

3° De la portion des services militaires mise à la charge de l'Indo-Chine ;

4° Du service de la justice française ;

5° Des administrations des Douanes et Régies et des autres contributions indirectes ;

6° Des travaux publics d'intérêt général dont la nomenclature sera arrêtée chaque année par le Gouverneur général, en Conseil supérieur de l'Indo-Chine et approuvée par le Ministre des Colonies ;

7° Du service des Postes et Télégraphes.

Il est alimenté en recettes par le produit des douanes et régies et des contributions indirectes de l'Indo-Chine. Ces dernières sont établies par le Gouverneur général en conseil supérieur, leur mode d'assiette ainsi que leurs règles de perception sont approuvés par Décret simple. Le gouverneur général est l'ordonnateur des dépenses du budget général, il peut sous-déléguer des crédits au lieutenant gouverneur de Cochinchine et aux résidents supérieurs. Le compte des dépenses est arrêté par lui en conseil supérieur. Le Décret du 20 Novembre 1882 et le règlement du 14 Janvier 1869 sont applicables aux recettes et aux dépenses du budget général ; le trésorier particulier de la Cochinchine en centralise les opérations. Il est, de ce chef, justiciable de la cour des Comptes.

A côté de ce budget général, qui ne contient que les dépenses d'intérêt commun à toute l'Indo-Chine, sont institués 5 budgets locaux en Cochinchine, au Tonkin, en Annam, au Cambodge, au Laos. Leurs dépenses comprennent dans chacun de ces pays, sauf le cas « de dispositions spéciales ou de conventions avec les autorités indigènes, les dépenses des services de Trésorerie, les frais de perception des impôts directs et des taxes assimilées, les travaux publics d'intérêt local, les dépenses de la colonisation, de l'instruction publique, des services médicauxde la police, de la justice indigène, des services pénitentiaires et autres services locaux ».

Comme recettes ils perçoivent toutes les recettes autres que celles provenant des douanes et régies et des contributions indirectes. Ils peuvent en outre recevoir des subventions du budget général.

Cette organisation, œuvre de M. Doumer, constitue, on le voit, une particularité de notre législation coloniale qui mérite à, elle seule, d'être étudiée dans ses détails. C'est une tentative de décentralisation qui parait devoir contribuer à l'essor économique de ces possessions.

A part l'Indo-Chine qui bénéficie du régime décrit ci-dessus, la règle générale reprend son empire. Mais, dans les unes comme dans les autres, dans les colonies du premier groupe, c'est-à-dire dotées par le Sénatus-Consulte de 1866 ou par actes subséquents des Conseils généraux, comme dans les colonies pourvues seulement de conseils d'Administration, les dispositions uniformes d'application, ont été réunies et condensées au T. II du décret du 20 novembre 1882, sur le régime financier des colonies. Il énonce les mêmes principes que le décret sur le même objet du 26 septembre 1855 auquel d'ailleurs il emprunte, pour ainsi dire, la définition du service local. Il fixe la durée de l'exercice du budget local lequel diffère, assez sensiblement de la période d'exécution des services financiers au budget colonial (1). Il donne, appliquant le Sénatus-Consulte de 1866 et les actes suivants, les règles d'établissement du budget de la Colonie, le divise en recettes ordinaires et recettes extraordinaires et dépenses correspondantes à ces deux ordres de recettes. Il n'établit cependant pas comme en 1855, deux sortes de budgets, budget ordinaire et budget extraordinaire. Les dépenses comprennent les dépenses obligatoires et les dépenses facultatives. Il reproduit, en ce qui concerne les recettes et les dépenses ordinaires, comme extraordinaires et les dépenses obligatoires ou facultatives, les dispotions constitutionnelles, les droits des conseils généraux et de leurs succédanés d'une part, et ceux de l'administration de l'autre. Il montre enfin comment doivent être employés, répartis, distribués les fonds du budget local,

(1) Voir Ch. IV.

comment sont liquidées, mandatées dans différents cas, payées les dépenses ; comment sont réintégrées les sommes avancées : et nous indique quand l'exercice est clos. Cet acte, encore en vigueur, codification du régime financier des colonies et de la comptabilité des services locaux, doit être envisagé dans divers chapitres de cette étude. Tous les décrets d'organisation des colonies postérieures à sa promulgation font référence à ses dispositions. Il s'ensuit qu'il est aujourd'hui général et qu'il trouve partout son application, dans les colonies à conseils généraux comme dans celles où, suivant son article 226, les conseils généraux n'existant pas les attributions de ce conseil sont confiées au conseil privé de gouvernement ou d'administration Le décret du 20 novembre 1882 a conservé la sage institution de la caisse de réserve. L'art. 98 fixe le maximum de ce qu'elle peut atteindre. Comme en 1855, tous prêts à des particuliers ou à des établissements publics sont interdits. Mais. le 20 novembre 1882 ajoute qu'il ne peut être fait emploi des fonds de réserve qu'en rentes sur l'Etat ou en valeurs du Trésor exclusivement. En un mot le décret du 20 novembre 1882 (T. II) qui reste l'acte essentiel du régime financier aux colonies, n'a jusqu'ici subi aucune atteinte.

La loi de finances du 8 août 1883 fit bénéficier le trésor d'un contingent payé en remplacement des retenues de 3 o/o dévolues, antérieurement à cette date, à la caisse des Invalides de la Marine sur les dépenses de matériel à la charge des budgets locaux. C'est un contingent général que l'Etat impose aux colonies en remplacement des retenues spécifiées ci-dessus. Ce n'est pas une aggravation de charges pour la colonie, le libellé d'ailleurs en fait, ce qu'il est en réalité, une dépense de remplacement. Mais le contingent eût-il revêtu le caractère d'augmentation de sacrifice demandé à la colonie par l'Etat, que ce dernier eut été parfaitement en droit de l'exiger en vertu de l'art. 6 § 2 du Sénatus-Consulte de 1866.

VII. — *Première atteinte au Sénatus-Consulte de 1866. — Loi de finances du 28 avril 1893.*

C'est dans un tout autre esprit qu'a été voté l'art. 42 de la loi de finances du 28 avril 1893, première atteinte portée à la législation du sénatus-consulte de 1866.

On avait remarqué, en 1893, que deux colonies seulement, la Cochinchine et l'Inde prenaient leur part, une très petite part, des dépenses générales de l'Etat ; que la Guinée et la Côte d'Ivoire couvraient par leurs propres recettes la totalité de leurs dépenses, y compris celles du Gouvernement ; que les établissements du golfe de Bénin payaient intégralement dans leurs dépenses civiles ; qu'enfin toutes les autres colonies étaient onéreuses aux contribuables français. Dans son rapport sur le budget du service colonial de l'exercice 1893, M. Chautemps, député, exposa que le

Sénatus-Consulte (art. 5 et 6) ne permettait d'imposer de contingent aux colonies que « jusqu'à concurrence du remboursement des dépenses civiles maintenues au compte de l'Etat », formule qui expliquait clairement toute participation aux dépenses militaires faites dans la colonie elle-même en vue de sa propre protection ainsi d'ailleurs que toute participation aux dépenses générales de l'Etat. M. Chautemps pensait, avec juste raison, qu'il y avait d'autant plus urgence à proclamer l'obligation pour tous tous les citoyens français sur quelque continent qu'ils habitassent, de contribuer dans la mesure de leurs ressources à l'acquittement des charges de l'Etat que le Sénatus-consulte, en affirmant le principe contraire, avait poussé à l'exagération des dépenses. Aussi demanda-t-il à la Chambre, au nom de la Commission du budget « un vote de « principe d'une eertaine portée qui tendra rien moins « qu'à affirmer, contrairement aux dispositions des « Sénatus-consultes de 1854 et 1866, que tous les « Français, qu'ils habitent les colonies ou la métro- « pole, sont égaux devant l'impôt ; que les colonies « aussi bien que les départements sont tenus d'acquit- « ter intégralement leurs dépenses locales, leurs dé- « penses militaires comme leurs dépenses civiles, sauf « le cas d'insuffisance de leurs ressources ; qu'elles « sont tenus, enfin, de contribuer en proportion de « leur facultés aux dépenses générales de l'Etat. » Il proposa donc d'inscrire au budget de l'Etat une nouvelle recette sous la rubrique suivante : « Participation des colonies aux dépenses civiles et militaires qu'elles occasionnent à l'Etat et aux charges générales de l'Etat ».

Ces contingents figureront aux dépenses obligatoires des budgets locaux sous la même dénomination que ci-dessus. Si en 1893 la recette proposée au budget de l'Etat ne dépasse pas quelques milliers de francs, elle est du moins, « dans l'esprit de la Com« mission, destinée à s'accroître dans l'avenir pour se « rapprocher de plus en plus de la somme réellement « due par les colonies ».

La Chambre adopta cette manière de voir et vota un article qui est devenu l'article 42 de la loi de finances de 1893 ; il est ainsi conçu :

La contribution des colonies « aux dépenses civiles et militaires qu'elles occasionnent et aux charges générales de l'Etat est fixé, pour l'exercice 1893, à 100,000 fr. (1).

(1) Cette somme se répartit ainsi :

Prot. d'Annam, Tonkin	60,000 fr.
Guadeloupe	5,000 «
Martinique	5,000 «
Réunion	5,000 «
Inde	5,000 «
Guyane	4,000 «
Sénégal	4,000 «
Nouvelle Calédonie	2,000 «
Océanie	1,000 «
Saint-Pierre et Miquelon	500 «
Congo	2,000 «
Soudan	Néant.
Mayotte	500 «
Nossi-Bé	500 «
Report	94.500 fr.

L'article ajoute : « La somme ci-dessus sera inscrite au budget des recettes. « Recettes d'ordre. » « Recettes en atténuation de dépenses ». Cette somme est minime, elle n'a que la valeur d'une manifestation de principe. Ceci est d'autant plus vrai qu'on trouve incrites au budget des dépenses (Exercice 1893).

Chapitre 21. — Une somme de 1,200,000 fr. au titre de défense des Colonies.

Chapitre 22. — Une somme de 217,000 fr. au titre de dépenses diverses d'intérêt général.

Chapitre 23. — Une somme de 1,972,000 au titre de subventions aux services locaux des colonies.

C'était, ainsi que l'avait d'ailleurs demandé le rapporteur du budget, affirmer que toutes les parties de la République sont tenues de contribuer en proportion de leurs facultés aux dépenses faites par l'État dans l'intérêt commun. Le vote émis dans cette circonstance par la Chambre ne laisse pas intacts les Sénatus-Consultes de 1854 et 1866, c'est en somme un

A reporter	91.500 fr.
Guinée	1,000 «
Côte d'ivoire	1.000 «
Bénin	1,000 «
Sainte-Marie de Madagascar	Néant
Diégo-Suarez	300 «
Comores	Néant
Cambodge	2,000 «
Obock	500 «
Total	100,000 f.

Pour la Cochinchine, qui ne figure pas à l'art. 42, l'art. 41 fixe son contingent à 5 millions de francs.

essai de retour partiel au régime de l'assimilation financière dont le principe est mis en vigueur par la loi de 1841 (1).

VIII. — *Deuxième atteinte aux Sénatus-Consultes de 1854 et 1866. — Loi des finances du 13 avril 1900. — Restriction des pouvoirs des Conseils Généraux.*

Cette modification d'ailleurs ne devait être ni la dernière, ni la plus grave. C'est encore dans une loi de finances, celle du 13 Avril 1900, art. 33, dont les dispositions seront applicables à partir de 1901, qu'est contenue l'atteinte la plus considérable apportée au régime des Sénatus-Consultes. La caractéristique de cette réforme est de modifier profondément les pouvoirs des Conseils généraux. Ce dernier changement apporté par la Loi de finances de 1900 ne sera pas étudié ici, Il trouvera plus logiquement sa place au Chapitre II, Section II, où sont envisagés les pouvoirs des Conseils généraux des Colonies.

Il ne fait d'ailleurs que prouver à nouveau ce qui a été constaté à plusieurs reprises. Chaque fois qu'ils ont été gratifiés de pouvoirs administratifs ou financiers assez étendus, les conseils locaux ont abusé de

(1) V. Rapport de M. Chautemps sur le Budget Colonial, Exercice 1893 et Séance de la Chambre du 11 Décembre 1899, J. O. 12 Décembre 1899 p. 2132.

leur puissance ; le résultat ne s'est jamais longtemps fait attendre.

Sous la Révolution, les assemblées coloniales profitaient de leur éloignement pour dépasser leurs pouvoirs, ils entraient en lutte avec le pouvoir central; aussi ne tardèrent-ils pas à disparaître radicalement, supprimés sous le Consulat. Le même phénomène se produisit une seconde fois pendant la période qui va de 1815 à 1854. Les ordonnances de 1825-1827 instituèrent des Conseils généraux nommés par le Roi ; ils devinrent électifs sous la monarchie de Juillet. Leurs attributions augmentèrent. La loi du 24 avril 1833 en fit des Conseils Coloniaux dotés d'attributions législatives et financières dont ils mésusèrent ainsi que l'a démontré le rapporteur de la loi de 1841 à la Chambre des Députés. Cette loi ne tarda pas à leur enlever la plus grande partie de leurs pouvoirs financiers. Le 27 avril 1848 une loi les supprima pour la seconde fois. Une troisième fois le même évènement se produisit dans la période de 1854-1900. Le Sénatus-Consulte de 1854 les rétablit en leur donnant de larges pouvoirs financiers, pouvoirs plus restreints, au point de vue administratif. Le Sénatus-Consulte de 1866 les assimila pour les matières administratives aux Conseils généraux de France tout en leur conservant les attributions financières les plus étendues ; leurs membres à cette époque n'étaient pas élus. Le Décret du 3 décembre 1870 soumit leur recrutement à l'élection les assimilant ainsi complètement aux Conseils métropolitains, mais avec des prérogatives plus étendues. Dans cette période encore les Conseils généraux des Colonies ne surent pas se servir avec réserve des pouvoirs qui leur furent confiés. Ils ne purent gérer, avec l'économie désirable, les finances locales. La Métropole s'est vue contrainte à des sacrifices constants. D'aucuns comme avant 1841 empiétèrent sur les pouvoirs de l'Etat. Aussi, en 1893, les Chambres françaises ont-elles voté le principe de la participation des colonies aux dépenses civiles et militaires qu'elles occasionnent à l'Etat et aux charges générales de l'Etat.

C'est dans le même ordre d'idees que la législature actuelle restreint les pouvoirs financiers des Conseils généraux des Colonies françaises dans l'art. 33 de la loi de finances du 13 avril 1900.

CHAPITRE II

Etablissement du Budget local

La loi de finances votée et promulguée, le budget de l'Etat est définitivement établi. Il est exécutoire *ipso facto*. Il n'en est pas de même pour les budgets locaux, une formalité reste à remplir, leur approbation (art. 40 du 20 nov. 1882). Le budget local passe donc par trois phases successives pendant lesquelles il n'est que projet de budget de tel exercice.

Ces trois périodes sont :

1° Sa préparation,

2° Son vote,

3° Son approbation.

Approuvé, il est devenu exécutoire suivant les règles édictées par les règlements sur la comptabilité publique.

Il est établi en général, pour une colonie, quelquefois pour un groupe de colonies, par exemple en Indo-Chine, où, à côté des budgets locaux on a institué un budget général (V. Chap. I. section II). Quelquefois, au contraire, un groupe d'établissements formant une colonie possède des budgets distincts (ex. Etablissements français d'Océanie. D. du 1er août 1899). Enfin, dans une colonie, au Sénégal, ont été institués (D. 13 décembre 1891, arrêté local du 31 déc. 1891 modifié. D. du 27 mars 1898) des budgets régionaux, bien distincts du budget local, et sur lesquels le Conseil général n'a aucun pouvoir.

C'est en monnaie française que sont prévues les recettes et les dépenses des budgets locaux, sauf cependant en Indo-Chine où ils sont décomptés en piastres (Décrets 5 juillet 1881 (1), 10 déc. 1887 (2). Pour les Etablissements français dans l'Inde le D. du 17 octobre 1895 (3) a prescrit de prendre la roupie comme unité de valeur pour l'établissement du budget, la perception des contributions et l'acquittement des dépenses (4).

Section 1. — Préparation du budget local

Le décret du 26 septembre 1828 (article 35), celui du 20 novembre 1882 (article 40), indiquent que le budget local est préparé par le Directeur de l'Intérieur. Ce fonctionnaire, d'un caractère absolument spécial, avait son origine dans les ordonnances

(1) Dislère, II, p. 556.
(2) B. O. C. 1888, p. 14.
(2) B. O. C. 1895, p. 766.
(4) Pour toutes les opérations commerciales du service colonial et des services métropolitains, il faut convertir la roupie en francs.

organiques de nos colonies de 1825 et 1828. Il avait des pouvoirs propres, bien définis, il était par suite responsable de son service, en un mot, de toutes les affaires civiles. Depuis 1825, son rôle a été sans cesse grandissant pour avoir son apogée en 1882 (décret des 15 septembre, 3 octobre et 20 novembre 1882).

Depuis cette époque, est intervenu un décret portant règlement d'administration publique du 21 mai 1898, dont l'article 1er supprime les fonctions de Directeur de l'Intérieur. Ce sera désormais le gouverneur qui (article 2) exercera, à titre d'attributions propres, outre celles qui lui sont conférées par les textes en vigueur, celles qui jusqu'à ce jour étaient dévolues au Directeur de l'Intérieur des Colonies. L'article 5 de cet acte portait que ses dispositions n'étaient pas applicables aux Colonies de l'Indo-Chine, ni à celles du Congo français, de Madagascar et de Saint-Pierre et Miquelon. Cet article est aujourd'hui modifié par le décret du 26 janvier 1899 qui étend au Congo français les dispositions du décret du 21 mai 1898 (article 2) (1). En ce qui concerne Saint-Pierre et Miquelon, un décret du 3 janvier 1899 (2) organise un service de l'Intérieur et le Gouverneur y exerce les fonctions de Directeur du Service. D'autre part, nos possessions de Mayotte et des

(1) B. O. C., 1899, p. 25.
(2) B. O. C., 1899, p. 7.

Comores jouissent de l'autonomie budgétaire ; elles sont administrées par un gouverneur qui est ordonnateur secondaire du budget de l'Etat et ordonnateur des crédits locaux (décret du 9 septembre 1899) (1).

Le décret rendu, le Conseil d'Etat entendu, le 21 mai 1898, supprimant aux colonies les fonctions de Directeur de l'intérieur, est donc maintenant applicable en droit, ou appliqué en fait à presque toutes nos colonies. Restent en dehors Madagascar (2) et l'Indo-Chine qui jouissent d'un régime particulier.

Dans toutes nos colonies, le gouverneur occupe désormais les fonctions de Directeur de l'Intérieur. C'est donc à ce haut fonctionnaire qu'incombe, depuis l'exercice 1899, la tâche de préparer le budget local. Par l'intermédiaire des divers agents placés sous ses ordres, il réunit les documents qui lui sont nécessaires, il s'entoure de tous les renseignements utiles à cet effet. Il centralise, en un mot, les prévisions de dépenses des services de la Colonie et les étudie. Pour apprécier leurs besoins, il se base sur les dotations demandées, sur les crédits alloués par les exercices antérieurs. Tout ce travail de préparation, dont juge en dernier ressort le gouverneur, sera accompli dans les bureaux du Secrétariat général de la Colonie. Parmi ceux-ci, le bureau des finances, centralisera le travail sur lequel le gouvernement aura à statuer avant de

(1) B. O. C., 1899, p. 1223.

(2) A Madagascar, le Secrétaire général est ordonnateur du budget local qu'il prépare.

le soumettre aux délibérations du conseil d'administration, au vote du Conseil général, modifiant, s'il y a lieu, suivant les besoins constatés par lui, les demandes des services.

Quant aux recettes du budget local, c'est à lui qu'appartient le droit d'en évaluer les prévisions, il les fixe dans l'arrêté du budget pris en Conseil privé. Le droit du Conseil général dans cette matière est limité au vote tant du tarif des contributions que de leur assiette et de leur perception. C'est ainsi qu'en a jugé le Conseil d'Etat (section des finances, 12 janvier 1892).

C'est donc, en droit, le gouverneur qui est appelé à préparer le budget local. Le mode de préparation, en fait, n'est nullement changé. Ce sont toujours les bureaux des finances des Secrétariats généraux des Colonies qui présentent au Gouverneur le travail qu'ils remettaient autrefois auDirecteur de l'Intérieur. Le mécanisme budgétaire est le même. Il y a simplement substitution d'un fonctionnaire à un autre, il y a seulement déplacement de responsabilité. Mais dans les mêmes mains se trouvent désormais concentrées la préparation, l'approbation et l'exécution et la reddition des comptes du budget. Le Gouverneur a donc, du commencement à la fin, à tous moments, action sur le budget. De lui dépend uniquement la situation des finances de la colonie, il gouverne et il administre. Les deux fonctions autrefois séparées se trouvent réunies maintenant que l'heure des conquêtes est passée, que les gouverneurs, presque tous civils, peuvent s'adonner à l'administration de la Colonie ; ils peuvent ainsi avoir une compétence que ne possédaient pas les gouverneurs militaires dont la présence était nécessaire au début. Le gouverneur fait donc sentir son action directe sur les services financiers de la colonie.

C'est ainsi qu'est préparé le budget local qui doit être présenté, par le gouverneur, aux assemblées compétentes.

Section II. — Vote du budget local

Il doit être procédé ensuite à la discussion et au vote de ce projet de budget. Une distinction s'impose ici entre celles de nos colonies dotées, par le sénatus-consulte de 1866 où les actes organiques subséquents s'y référant, de Conseils généraux élus, et nos autres possessions, pourvues seulement d'un conseil d'administration.

Dans les premières, c'est au conseil général de la colonie que, depuis la création des budgets locaux en 1825, on a donné le droit avec des pouvoirs plus (Loi de 1833) (1) ou moins (Loi de 1841) (2) étendus de voter les dépenses locales et les taxes destinées à les acquitter.

Dans les secondes, le projet de budget local est

(1) V. Ch. I, Section II, p.
(2) — —

soumis au vote du Conseil d'administration (1) (a 40 du décret du 20 Nov, 1882). Ce conseil n'existe « que « là où ne fonctionnepas le conseil général, c'est ce qui « le distingue du conseil privé et c'est la raison pour « laquelle le gouverneur est tenu dans certains cas « (établissement du budget local par exemple) de « prendre son avis (2). » Simple organe consultatif, ses délibérations peuvent toujours, et dans toutes les espèces, être réformées par le ministre, voire même par le gouverneur. C'est pourquoi n'envisagera-t-on ici que le rôle du conseil général dont l'organisation même sera laissée de côté.

Les attributions de ces conseils, très limitées au début, étendues, puis restreintes, puis élargies à nouveau, ont reçu du Sénatus-Consulte de 1866 une réglementation très libérale qui, au point de vue administratif, les assimile, dans la plus part des cas, aux conseils généraux métropolitains. Les objets sur lesquels est appelé à délibérer le conseil général embrasse toutes les question intéressant la Colonie. Comme cellesdes conseils métropolitains, ses délibérations peuvent être divisées en trois classes :

1°) Les délibérations définitives, matières sur

(1) Ce Conseil d'Administration est composé comme le Conseil privé des colonies à Conseils généraux avec lequel on est tenté de le confondre.

(2) Alb. Duchêne. Organisation générale des Colonies françaises. Revue Encyclopédique, Larousse, 1900,

sur lesquelles le Conseil général statue (a I Sen.-Cons. 1866). Elles sont exécutoires par elles-mêmes. Cependant elles peuvent être annulées par excès de pouvoir, pour violation d'un Sen.-Cons., d'une loi ou d'un règlement d'administration publique si, dans le *délai d'un mois* à partir de la clôture de la session, le gouverneur demande l'annulation qui, s'il y a lieu, est prononcée, sur le rapport du Ministre des Colonies, par décret rendu sur la réforme des règlements d'administration publique (a 1). En France, le délai pendant lequel le préfet peut demander pour les mêmes raisons l'annulation des délibérations du Conseil général, définitives en vertu de l'art. 46 de la loi du 10 août 1871, est seulement de 20 jours (a. 47).

5°) Délibérations qui ne se suffisent pas et doivent être soumises à l'approbation ministérielle. Elle est donnée, suivant les cas déterminés par le décret du 11 août 1866, soit par décret en conseil d'Etat (établissement d'un impôt nouveau du tarif des taxes, réalisation d'un emprunt), soit par décret simple (mode d'assiette et de perception des impôts), soit par arrêté du gouverment rendu en conseil privé (fixation du budget local, autorisation de crédits supplémentaires, approbation de comptes administratifs).

3°) Le Conseil général donne enfin des avis sur les sujets énumérés à l'art. 4 du Senatus-Consulte de 1866 et, en général, sur toutes les questions dont la connaissance lui est réservée.

L'action du Conseil de la Colonie étant ainsi fixé

en général, comment va-t-il être procédé pour la présentation du budget à son vote ?

En France, le projet de budget, préparé par le préfet, est présenté par lui au conseil général. Il est tenu de le communiquer à la commission départementale avec les pièces à l'appui *10 jours au moins* avant l'ouvrture de la session d'août (1). Aux colonies, la même procédure est suivie, avec de légères variantes cependant. Un décret du 12 juin 1879 (2) a institué dans les trois vieilles colonies au sein du Conseil général « une commission coloniale » analogue à la commission départementale des Conseils généraux français.

Cette mesure a été étendue, par décret du 28 avril 1882 (3), à la Guyane, où un conseil général avait été établi le 23 décembre 1878 (4).

Au Sénégal le Conseil général a été créé par l'acte organique du 4 février 1879 (5) et la commission coloniale par décret du 12 août 1885 (6).

A Saint-Pierre et Miquelon, à la Nouvelle-Calédonie, dans les établissements français d'Océanie, l'organisation administrative est postérieure au décret du 12 juin 1879. Les actes organiques de ces possessions ont créé en même temps les conseils généraux

(1) A. 57. loi du 10 août 1871.
(2) B. O. M, 1879. 1er Sem. page 1243.
(3) Dislère II, p. 432.
(4) B. O. M, 1882, 2e Sem. page 172.
(5) Dislère II, p. 451.
(6) Dislère II, p. 797.

et leurs commissions calonales. Pour St-Pierre et Miquelon est intervenu le décret du 2 août 1885 (1) dont les articles 61 à 75 inclus règlent le fonctionnement de la Commission coloniale.

Pour la Nouvelle-Calédonie c'est également un décret du 2 avril 1885 (2) qui consacra à la Commission coloniale ses articles 60 et suivants.

Pour les établissements français d'Océanie enfin, c'est le décret du 28 décembre 1885 (3) dont les articles 60 et suivants réglementent la Commission coloniale.

Tous ces actes ont reproduit, avec plus ou moins d'identité dans les termes, les dispositions du décret du 12 juin 1879. Ils n'ont pas donné aux commissions coloniales les attributions propres dévolues sur le continent aux commissions départementales par la loi du 10 août 1871, dont certaines dispositions avaient d'ailleurs été étendues aux vieilles colonies par décret du 13 février 1877. Les commissions n'ont en réalité que les pouvoirs que leurs délèguent les conseils généraux pour la décision à intervenir sur telle ou telle affaire spéciale et non sur un ensemble d'affaires. Quoi qu'il en soit, la commission coloniale doit présenter au conseil général, dans un rapport sommaire, ses observations sur le budget proposé par l'Adminis-

(1) Dislère II, p. 770
(2) Dislère II p. 783.
(3) Dislère II p. 850.

tration (1) et ce, à l'ouverture de la session ordinaire, car les conseils généraux ne se réunissent aux colonies une fois par an pendant un mois à la différence des assemblées départementales de France qui sont convoqués deux fois en session ordinaire (2). Cette règle n'est cependant pas générale et n'existe que pour les trois vieilles colonies, la Guyane (un mois), l'Inde (un mois dans le 4e trimestre de l'année), le Sénégal (15 jours), tandis qu'à Saint-Pierre et Miquelon le conseil général se réunit en deux sessions ordinaires. Celle dans laquelle sont délibérés le budget et les comptes commence de plein droit le premier lundi qui suit le 15 août (a. 22, décret du 2 avril 1885). Deux sessions ordinaires sont aussi prévues à la Nouvelle-Calédonie par le décret du 10 août 1895 (3), qui modifie sur ce point l'acte organique du 2 avril 1885. La session consacrée au budget et aux comptes commence de plein droit le 3 novembre de chaque année. En Océanie, il existe seulement une session qui

(1) A. 13, D. du 12 août 1879, *in fine*.

(2) Art. 23, loi du 10 août 1871. — Les conseils généraux ont chaque année deux sessions ordinaires. La session dans laquelle sont délibérés le budget et les comptes commence de plein droit le 15 août et ne pourra être retardée que par une loi. L'ouverture de l'autre session a lieu au jour fixé par le conseil général dans la session du mois d'août précédent Dans le cas où le conseil général se serait séparé sans avoir pris aucune décision à cet égard, le jour sera fixé et la convocation sera faite par la commission départementale qui en donnera avis au préfet. La durée de la session d'août ne pourra excéder un mois, celle de l'autre session ne pourra excéder 15 jours.

(3) Dislère II p. 1066.

est ouverte de plein droit le 2e lundi de novembre (a. 1 du décret du 5 avril 1894 (1) modifiant l'a. 22 du décret du 28 décembre 1885).

Le rapport « sommaire » de la commission coloniale une fois fourni, le conseil général discute et vote le projet de budget.

Quels sont donc d'abord les pouvoirs qu'il tient du *Sénatus Consulte ou des décrets organiques* en matière de recettes, et en matières de dépenses.

L'on verra ensuite les modifications apportées par la loi du 13 avril 1900 aux pouvoirs des Conseils généraux sur ces points.

§ I. — A) *Attributions du conseil Général en ce qui concerne les recettes*

Les attributions du conseil général sur ce point varient suivant qu'il s'agit de :

1°) recettes ordinaires ou de 2°) recettes extraordinaires.

1°) Recettes ordinaires —Le Sénatus Consulte du 3 mai 1854 édictait (art. 12) qu'un conseil général nommé moitié par le gouvernement moitié par les membres des conseils municipaux (2) est formé dans chacune des trois colonies (Martinique, Guadeloupe, Réunion). « Art. 13. — Le Conseil général vote 1°... 2° les

(1) Dislère II p. 1043.

(2) Eux-mêmes nommés en totalité par le Gouvernement (voir ch. I, section II).

« taxes nécessaires à l'acquittement des dépenses « locales... à l'exception des droits de douane...
« Art. 16. — Les budgets et les tarifs des taxes « locales, arrêté par le conseil général ne sont vala-« bles qu'après avoir été approuvés par le Gouverne-« ment ».

En 1866 intervient le Sénatus Consulte du 4 juillet qui maintient l'art. 12 de l'acte de 1854 et abroge les articles 13 et 16 (art. 12). Il décide art. 1 § 15 que le conseil général vote également « les taxes et contri-« butions de toute nature. Les délibérations prises « sur ces matières sont définitives si, dans le délai « d'un mois, le gouvernement n'en a pas demandé « l'annulation pour excès de pouvoirs ».

Art. 2. — « Le conseil général vote les tarifs « d'octroi de mer sur les objets de toute provenance « ainsi que les tarifs de douane sur les produits « étrangers naturels ou fabriqués, importés dans « la colonie. Les tarifs de douane.. sont rendus « exécutoires par Décret ». Ainsi, par ce Sénatus Consulte de 1866, les conseils généraux de la Martinique, la Guadeloupe et la Réunion, des « trois vieilles colonies », reçoivent le droit de voter toutes les taxes locales, l'octroi de mer qui bénéficie aux communes, et les droits de douane, ces derniers soumis à l'approbation du gouvernement métropolitain. Mais toutes les taxes locales, contrairement aux dispositions de l'art. 16 de 1854, deviennent exécutoires sans autorisation du gouvernement qui a seulement le droit d'en demander l'annulation dans certains cas spéciaux limitativement déterminés, cas très graves, et dans un délai donné (art. 1). Le mode de nomination des conseils (art. 12 Sénatus Consulte 1854) est maintenu. Le gouverneur conserve par ce fait son influence sur les décisions de l'assemblée. Cette organisation subsiste jusqu'au décret du Gouvernement de la Défense nationale du 3 décembre 1870 qui décida :

Art. 2. — Sont rendues applicables aux colonies de la Martinique, de la Guadeloupe, de la Réunion les dispositions législatives qui régissent en France l'élection des Conseils généraux et des Conseils municipaux ». Les attributions de ces conseils restent (art. 7) « *provisoirement* » réglés conformément à la législation existante. Depuis lors les seules modifications qui aient été apportées, jusqu'à la loi du 13 avril 1900, aux attributions des Conseils généraux coloniaux en matière de taxes et de droits l'ont été par la loi du 11 janvier 1892 relative à l'établissement du tarif général des douanes (1) (art. 3, 4, 5, 6, 7, 8 spéciaux aux colonies). Elle a implicitement enlevé aux conseils généraux le droit de voter des droits de douane et dans son art. 6 spécifie que les tarifs d'octroi de mer seront votés par les Conseils Généraux ou Conseils d Administration des Colonies. Ils seront rendus exécutoires par décret.

Mais aucune loi organique n'est venue régler d'une façon générale les attributions de ces conseils

(1) B. O. C. 1892, p. 39.

« et pourtant les auteurs du décret de 1870 lorsqu'ils
« modifiaient radicalement la base de leur nomination
« avaient prévu il semble par le mot « *provisoirement* »
« inséré dans l'art. 7 que ces attributions devraient
« être modifiées. »

En somme, nos colonies de la Martinique la Guadeloupe et la Réunion ont vécu et vivront jusqu'au 1er Janvier 1901 sous le régime des Conseils Généraux ayant en matière de taxes locales les pouvoirs, presque sans contrôle, que leur a conférés le Sénatus-Consulte de 1866, bien que le principe de leur nomination résulte du décret de 1870.

Ils déterminent souverainement le taux des taxes et contributions de toute nature nécessaires pour l'acquittement des dépenses de la colonie et en fixent le tarif. Ils ont donc sur ce point un pouvoir de décision propre. Leur droit est limité à ce vote, il ne s'étend pas à l'évaluation des prévisions de recettes qu'il appartient au gouverneur seul de fixer lors de l'arrêté du budget (1). D'autre part, ils ont l'initiative de l'établissement du mode d'assiette et de perception ; leurs délibérations à ce sujet ne sont exécutoires qu'après avoir été approuvées par décret. Elles peuvent toutefois être rendues exécutoires provisoirement par arrêté du Gouverneur en conseil privé. Mais aucun délai n'est imparti au ministre pour donner son approbation ; les contributions doivent être perçues tant que l'arrêté portant approbation provisoire n'a pas été rapporté

(1) Conseil d'État 12 Janv. 1892 cité par M. Dislère I p. 673.

ou annulé par un décret. C'est ce qui ressort d'un arrêt du Conseil d'Etat statuant au contentieux le 9 Août 1870 dans une action du Crédit foncier colonial contre la colonie de la Réunion (1). Les Conseils généraux coloniaux ont donc une initiative complète pour le choix des taxes et contributions qu'ils désirent établir pour assurer l'acquittement des dépenses locales. Ils peuvent choisir entre les impôts directs et les impôts indirects. Ils ont la possibilité d'établir de toutes pièces un régime fiscal original, sans analogie ailleurs ; on verra qu'ils ne l'ont pas fait.

Il a paru dangereux, même en 1866, alors que le Conseil général était dans la main du gouverneur, de ne pas limiter malgré tout cette liberté, car l'impôt est un instrument délicat, de qui dépend la prospérité ou la ruine, qui peut créer des inégalités de classe, qui peut être protecteur, ce qui favorise certaines industries et nuit aux autres. L'établissement d'un tel impôt serait une violation formelle de la loi de douane du 11 Janvier 1892 ; mais bien que le gouverneur soit armé contre les violations de la loi par les conseils, il est toujours désastreux de voir une assemblée locale s'insurger contre la légalité. Aussi avait-il été décidé que l'approbation du pouvoir central serait nécessaire aux délibérations établissant un impôt nouveau (2) ou modifiant l'assiette et les règles de perception déjà existantes.

(1) Recueil des Arrêts, 1870, p. 1038.

(2) Cette même règle existe dans les Colonies Anglaises. V. Appendice.

Malgré cette dernière et minime restriction à l'indépendance en matière de taxes et contributions, les Conseils généraux coloniaux, nommés comme ceux de la métropole depuis le décret de 1870, ont des pouvoirs presque absolus alors que ceux des conseils généraux de France sont à peu près nuls (a 40 § 1 et 2, art. 58, loi du 10 Août 1871). Ils n'ont pas en France le choix de la matière imposable. Ils n'ont pas de recettes propres. La nature de celles qu'ils peuvent se créer est rigoureusement déterminée par la loi. Ce ne sont pas des impôts qu'ils ont le droit de voter mais seulement des centimes additionnels aux contributions directes (1)

(1) Art. 40. — Le conseil général vote les centimes additionnels dont la perception est autorisée par les lois.

Il peut voter des centimes extraordinaires dans la limite du maximum fixé annuellement par la loi de finances.

Art. 58. — Les recettes du budget ordinaire se composent:

1° Du produit des centimes additionnels, dont le nombre est fixé annuellement par la loi de finances ; 2° du produit des centimes autorisés pour les dépenses des chemins vicinaux et de l'instruction primaire ; 3° du produit des centimes spéciaux affectés à la confection du cadastre par la loi du 2 août 1829 ; 4° du revenu et du produit des propriétés départementales ; 5° du produit des expéditions d'anciennes pièces ou d'actes de la préfecture déposés aux archives ; 6° du produit des droits de péage de bacs et passages d'eau sur les routes et chemins à la charge du département, des autres droits de péage et de tous autres droits concédés au département par les lois ; 7° de la part allouée au département sur le fond inscrit annuellement au budget du ministère de l'intérieur et réparti, conformément à un tableau annexé à la loi de finances doivent recevoir une allocation sur les fonds généraux du budget ; 8° des contingents de l'État et des communes pour le service des aliénés et des enfants assistés et de toute autre subvention (art. 40 et 58 loi 1871). De plus en ce qui concerne la fixation du nombre de centimes, les conseils généraux des départements français sont limités par un maximum déterminé par la loi. Il leur est impossible de dépasser ce chiffre.

Aucune restriction n'est apportée aux colonies aux attributions des conseils généraux de ce chef puisqu'ils décident le tarif des taxes régulièrement établies. Ils n'ont pour limites que les facultés contributives de la colonie. Les pouvoirs des conseils généraux coloniaux en matière de recettes ordinaires sont de beaucoup plus larges que ceux des conseils généraux métropolitains. Faut-il en voir la raison dans ce fait que les impôts perçus dans la colonie profitent à elle seule, à l'exclusion complète de l'Etat qui a préféré abandonner aux conseils généraux la détermination du régime fiscal. Dans un autre esprit, le législateur de 1866 conservant le mode de nomination des conseils fixé à l'art. 12 du Sén.-Consulte de 1854, a-t-il pensé qu'il valait mieux laisser une large initiative à un conseil sous la dépendance du pouvoir central par l'intermédiaire du gouverneur, un conseil ainsi choisi laissant moins de place à l'imprévu que s'il avait été nommé à l'élection, la composition de l'assemblée dépendant exclusivement du choix bon ou mauvais du gouverneur. Pour une raison ou pour une autre, le Sénatus-

applicable au budget ordinaire ; 9° du contingent des communes et autres ressources éventuelles pour le service vicinal et pour les chemins de fer d'intérêt local.

Consulte avait laissé le conseil général absolument maître des recettes ordinaires.

2° *Recettes extraordinaires.* — Les pouvoirs qu'il concéda à ce même conseil en matière de recettes extraordinaires furent moins étendues. La situation est ici renversée. Ses attributions, à cet égard, sont inférieures à celles reconnues au conseil général métropolitain, pour les emprunts que la colonie contracte comme pour les libéralités qu'elle peut recevoir. (Voir chap. I, section I et chap. III, sect. I).

Mais pour les recettes extraordinaires qui sont de véritables taxes, avec cette différence qu'elles ne se présentent pas périodiquement, elles sont soumises, pour leurs autorisations, vote, approbation, perception, aux mêmes règles que les contributions ordinaires (a 52 D. du 20 Nov. 1882). Ici les prérogatives des conseils généraux coloniaux reparaissent en partie du moins en ce qui concerne les taxes extraordinaires (1).

B. — *Attributions du Conseil général en matière de dépenses*

Bien plus étendus sont corrélativement les pou-

(1) Art. 59. — Les recettes du budget extraordinaire se composent : 1° du produit des centimes extraordinaires votés annuellement par le conseil général dans les limites déterminées par la loi de finances ou autorisées par des lois spéciales ; 2° du produit des emprunts ; 3° des dons et legs ; 4° du produit des biens aliénés ; 5° du remboursement des capitaux exigibles et des rentes rachetées ; 6° de toutes autres recettes accidentelles...

voirs des conseils généraux en ce qui a trait aux dépenses. A part les dépenses dites de souveraineté qui incombent à l'Etat, les colonies paient tous les services fait chez elles. De même que les pouvoirs des conseils changent selon qu'il s'agit des recettes ordinaires ou des recettes extraordinaires, de même ils varient suivant que le conseil se trouve en présence des dépenses obligatoires ou facultatives (1). Pour les premières le conseil n'a aucune initiative. Elles s'imposent à lui. Il ne peut pas ne pas les voter toutes et dans les limites fixées par l'administration conformément aux dispositions de l'art. 8 du Sénatus Consulte de 1866; les gouverneurs des colonies pourvoient à l'aide de fonds des dépenses diverses et imprévues, ou autrement, §§ 2 et 3, aux dépenses obligatoires omises par les conseils généraux ou insuffisamment dotées par eux. Leur nomenclature, jusqu'à la loi de finances du 13 avril 1900 exclusivement, sera indiquée plus loin (2) avec la date des actes les instituant.

Continuant la comparaison avec le budget départemental, on peut remarquer qu'il contient également des dépenses obligatoires (art. 60 de la loi du 10 août 1871 (3). Elles sont moins nombreuses que celles imposées aux Conseils généraux des Colonies Les droits de l'administration

(1) V. Ch. I, Section II et Ch. III, Section II.

(2) Ch. III, Section II.

(3) Art. 60. — Le budget ordinaire comprend les dépenses suivantes : Loyer, mobilier et entretien des hôtels de préfec-

vis-à-vis de la prévision de ces dépenses ne sont pas non plus les mêmes (art. 8 et 9 Sénatus-Consulte 1866, art. 61, loi du 10 août 1871). L'administration coloniale a des pouvoirs plus étendus que ceux du chef de l'Etat pour le règlement des budgets départementaux.

Mais, ces dépenses obligatoires complètement assurées, les conseils généraux coloniaux restent libres de développer les allocations des services facultatifs. Il leur est également loisible de restreindre telle dépense très utile au profit d'une autre qui peut l'être beaucoup moins. Les choses devront rester en l'état pendant toute la durée de l'exercice. L'administration n'a qu'un moyen pour mettre un terme à cette situation : faire classer, par un décret, le service sacrifié dans les dépenses obligatoires. Les colonies, au point de vue des dépenses, semblent d'un côté mieux traitées que les départements car elles peuvent donner à leurs dépenses facultatives, les dépenses obligatoires pourvues, toute l'extension qu'elles désirent Les assemblées coloniales ne sont pas comme les conseils départementaux limités, à la

tures et de sous-préfectures, du local nécessaire à la réunion du conseil départemental, à l'instruction publique et du bureau de l'inspecteur d'académie ; 2° casernement ordinaire des brigades de gendarmerie ; 3° loyer, entretien mobilier et mêmes dépenses des cours d'assises, tribunaux civils, tribunaux de commerce et mêmes dépenses des justices de paix ; 4° frais d'impression et de publication des listes pour les élections consulaires, frais d'impression des cadres de formation, des listes électorales et des listes du jury.

fois, « par un minimum au-dessous duquel ils ne « peuvent jamais descendre et un maximum qu'ils ne « peuvent dépasser ». De ce côté, le champ d'action des conseils généraux coloniaux est plus vaste, puisqu'ils ont la possibilité d'augmenter les dépenses obligatoires et peuvent pourvoir avec une entière liberté aux dépenses facultatives. Mais, d'autre part, l'Etat fait sentir plus lourdement sa tutelle aux colonies en leur imposant un plus grand nombre de dépenses obligatoires, en classant parmi ces dernières des dépenses qui figurent comme facultatives dans le budget départemental. Il n'y a qu'à comparer sur ce point pour s'en convaincre l'art. 7 du Sen.-Cons. de 1866 et l'art. 60 (1-2-3-4) de la loi du 10 août 1871. Les colonies doivent en outre participer à ses charges générales au moyen d'une contribution ou contingent. Cette institution, qui va disparaître, il est vrai, ne saurait se retrouver dans le budget départemental qui n'a pas de ressources propres puisque les impôts qui y sont perçus profitent au Trésor. Il n'en demeure pas moins acquis que, si les colonies ont en un certain sens plus d'initiative, elles sont contrôlées plus sévèrement que les départements en ce qui concerne l'emploi de leurs ressources. Ce double caractère donné par le législateur de 1866 au régime financier des colonies se comprend. Il a voulu laisser aux représentants de la colonie le soin d'établir les taxes qu'ils devaient acquitter puisque ces contributions lui appartiennent en propre et lui servent pour payer tous les services effectués sur son territoire autres, que ceux à la charge de l'Etat.

Mais cependant, les rédacteurs du Sénatus Consulte se sont souvenus des écarts reprochés aux assemblées locales par le rapport à la Chambre de la loi de 1841 et par l'amiral Duperré dans l'exposé des motifs de cette même loi. C'est pourquoi si, d'une part, toute initiative est donnée aux conseils locaux pour l'établissement des taxes, l'administration, d'autre part, en surveille assez étroitement l'emploi. Son action ne s'est pas bornée, à ce point de vue, â veiller à la stricte application du Sénatus Consulte et des actes organiques des colonies dotées après 1866 de conseils généraux, elle a, à diverses reprises, institué de nouvelles dépenses obligatoires pour des services trop négligés par les assemblées locales ; (exemple à la Guyane). D'ailleurs, depuis 1893, une dépense obligatoire a été imposée à toutes les colonies, dépense de principe, d'indication, non encore réelle ; contribution des colonies aux dépenses qu'elles occasionnent à l'Etat et aux charges générales de l'Etat (1).

Ainsi étaient définis par le Sénatus Consulte de 1866 et les décrets organiques subséquents, qui ont réglé la constitution des colonies du 1er groupe, les attributions dévolues en matières de recettes et de dépenses aux conseils généraux des Colonies.

Dans nos établissements du 2e groupe, ceux ou

(1) Chap. I, section II.

n'existe pas de conseil élu, le gouverneur est autorisé à déterminer par arrêtés, l'assiette, le tarif, les règles de perception, le mode de poursuite des taxes et contributions (à l'exception des tarifs de douanes). Les arrêtés du gouverneur, qui doivent être soumis à l'approbation ministérielle, sont provisoirement exécutoires (décret du 20 janvier 1867) (1). La prévision de recettes et de dépenses des budgets locaux de ces colonies est arrêté par le conseil d'administration (2). Mais les délibérations de cette assemblée où les intérêts du commerce sont désormais largement représentés du moins en Afrique, n'ont rien de commun avec celles des conseils généraux. Cette assemblée n'est consultée que pour permettre au gouverneur de s'entourer de tous les avis utiles. Ses délibérations n'ont aucune force légale. Le ministre peut modifier ses prévisions lorsque le budget est soumis à son approbation ou les approuver telles qu'elles lui sont présentées.

Enfin, il convient de remarquer que dans les colonies d'Afrique, à l'exception du Sénégal, les budgets n'ont pas à pourvoir à des dépenses obligatoires en dehors des dettes exigibles et des contingents imposés (contingent de la loi de 1893). Ce régime des colonies du deuxième groupe est encore en vigueur, car la loi de finances du 13 avril

(1) B. O. M. — 1867, 1er sem. T. 1, p. 127.

(2) Récemment organisés en ce qui concerne les colonies d'Afrique..... D, du 11 octobre 1899.

1900, n'a innové que pour les colonies pourvues de conseils généraux.

§ II.— *Modifications apportées par la loi du 13 avril 1900 aux pouvoirs des Conseils généraux des Colonies*

Le Senatus-Consulte de 1866, combiné avec le décret de 1870, n'a pas donné de bons résultats ; le système renfermait de graves défauts, il permit en outre aux conseils généraux des colonies de commettre certains abus. Les reproches que l'on peut adresser en droit à cette législation ont été résumés en ces termes par M. Doumergue (1) d'abord, et d'Estournelles ensuite :

« 1° De l'Empire (Sénatus-Consulte 1854 et 1866), « les assemblées coloniales tiennent des privilèges « exorbitants accordés sous le bénéfice d'un contrôle « absolu.

« 2° De la République (Sénatus-Consulte de 1854 « et 1866, décret du 3 décembre 1870), le maintien de « ces privilèges et la suppression du contrôle. »

De même que sous le régime de la loi de 1833, les conseils généraux coloniaux n'ont pas su user des pouvoirs qui leur avaient été concédés avec la réserve convenable, de même sous l'empire des Sénatus-Consulte et du décret du 3 décembre 1870, ils ont dépassé les limites, pourtant larges, qui leur avaient été assignées, et n'ont pas géré les finances locales avec l'économie désirable.

(1) Rapporteur du budget colonial pendant les exercices 1899 et 1900.

A la Guadeloupe, par exemple (1), une majorité de coalition a frappé d'un droit de sortie de 2 fr. 55 les 100 kil. le sucre exporté de cette colonie, c'est-à-dire tout le sucre produit dans l'île, puisque la Guadeloupe envoie en France la presque totalité de sa production sucrière. M. Boudenoot a calculé qu'un hectare pouvait produire en moyenne 4000 kil. de sucre, les droits de sortie, qui remplacent l'impôt foncier (2), sont donc de 102 fr. par hectare de terre cultivée. Dans quel. pays la terre, et par suite la culture, est-elle frappée d'une pareille contribution ? Agissant ainsi, le conseil général de la Guadeloupe faisait échec à la loi du 29 juillet 1884, sur le régime des sucres de France et des Colonies, à la loi du 7 avril 1897, qui veulent que le sucre de nos colonies, c'est-à-dire la culture de la canne soit traitée sur le même pied que le sucre indigène. Cette situation fait immédiatement penser aux écarts des conseils coloniaux, réprimés en 1841. Le rapport du député Lacrosse serait encore d'actualité. Est-il possible de tolérer que des conseils locaux empiètent ainsi, même indirectement, sur le domaine de la loi. La décision d'une assemblée locale, maîtresse absolue du tarif des taxes pourra-t-elle « détruire ce « que l'Etat a édifié et dériver au profit des seuls

(1) Exemple cité par M. Boudenoot, député du Pas-de-Calais, ancien rapporteur général du budget, dans un article de la Revue politique et parlementaire, n° 56, 10 février 1899, 6e année, tome 19.

(2) Voir plus loin, Ch. III, Section I.

« clients de sa majorité ce que l'Etat a cru devoir « accorder à l'intérêt supérieur de l'agriculture de la « colonie tout entière. » Et M. Boudenoot (1) concluait justement « il y a dans l'acte du conseil géné- « ral de la Guadeloupe, une manifestation révolu- « tionnaire d'un caractère qui n'échappera à per- « sonne et qu'il importe de réprimer. »

Un autre exemple, choisi parmi les colonies pourvus de Conseils généraux, montrera comment les assemblées entendent gérer les finances locales.

Si l'on consulte le procès-verbal de la session ordinaire du conseil général de la Guyane de 1897, document officiel sorti de l'imprimerie du gouvernement de la colonie, on peut voir quelles sont, en matière financière, les tendances de cette assemblée. Au lieu de chercher à opérer des économies sur le projet du budget présenté par le directeur de l'intérieur, qui existait encore à cette époque, le conseil se trouve, après avoir voté tous les chapitres, en présence de dépassements considérables. Pour rétablir l'équilibre, le rapporteur propose et fait adopter les réductions suivantes (2). Une subvention accordée à la Compagnie des Cables télégraphiques est ramenée de 50.000 francs à 40.000 francs (le projet de budget comportait 80.000 francs). Le

(1) Article cité plus haut.

(2) Exemple tiré des Annales de l'Ecole des Sciences politiques. L'autonomie de nos vieilles colonies, n° de mars 1900.

crédit de préparation à l'exposition universelle de 1900 réduit de 120.00 fr. à 5000 francs Un crédit de 5000 francs pour le balisage d'un chenal est supprimé. Une somme de 42.000 fr., prévue pour les travaux de voirie à Cayenne subit une réduction de 4000 sur les 42.000 fr. demandés ; un crédit de 25.000 fr. affecté à des travaux de grande voirie est abaissé à 500 fr. (1) Par contre pour les « bourses et subventions scolaires » le chiffre proposé était de 40.450, il est élevé à 63.910 fr. (ce chapitre était en 1882 de 18.498 fr. il atteignit en 1896, 36.200 fr. et en 1897, 52 560). « Il ne faut pas s'en étonner car il est bien difficile « pour un corps élu de repousser les sollicitations « intéressées de ses électeurs (2). »

Ce même conseil général se rendit coupable de tels abus en matière de concessions territoriales qu'un décret du 15 Novembre 1898 (3) lui a retiré le droit de concéder les domaines de la colonie.

Enfin, cette assemblée ne voulait-elle pas, pour doter les communes de la colonie, leur partager une partie du fonds de réserve ?

Là aussi des rapprochements s'imposent avec rapport fait à la Chambre sur la loi de 1841. On peut adresser aux conseils généraux les mêmes plaintes qu'en 1841, les uns s'insurgent contre les lois métro-

(1) Procès-verbaux de la session ordinaire, 1897. passim.

(2) Paroles du Gouverneur Danel dans son discours d'ouverture de la session,

(3) B. O. C. 1898 p. 257.

politaines, y font échec, les autres tentent de violer les réglements, obligent les gouverneurs ou le ministre à user avec rigueur de leurs droits, ou n'administrent pas avec une sage économie les finances locales.

Il semble inutile de multiplier les exemples, la façon d'agir de ces conseils en général n'a pas tardé à porter ses fruits.

Inquiets de l'accroissement énorme de dépenses qu'occasionnent à l'Etat les Colonies, les pouvoirs publics se sont émus.

Les divers rapporteurs du budget colonial avaient signalé ce qu'avait du périlleux cette situation, aussi n'avaient-ils pas hésité à demander la révision des Sénatus-Consultes sur la constitutionnalité desquels on on pu d'ailleurs émettre des doutes (1).

Déjà, en 1898, à la tribune du Sénat, dans la séance du 30 Mars, le ministre des Colonies d'alors, M. André Lebon, avait manifesté son intention de constituer une commission, composée de membres du Parlement et de fonctionnaires dans le but « d'examiner les bud- « gets locaux tant au point de vue financier, qu'au « point de vue des questions organiques qui s'y rat- « tachent (2). » La composition de cette commission fixée par décision du 12 Avril 1898 (3), figure au Journal officiel du 17 Avril suivant. Elle ne se réunit jamais. Une nouvelle commission fut nommée le 30 Janvier 1899. Le résultat de ses travaux fut présenté

(1) Alb. Duchêne. Thèse de Doctorat 1893.
(2) J. O. 31 Mars 1898.
(3) B O C. 1898 p. 225.

au Ministre des Colonies sous forme d'un rapport, du 23 Juin 1899, de M. l'Inspecteur Général Picquié. Après avoir examiné les budgets locaux, la commission, voulant considérer chaque colonie comme une collectivité distincte, ayant des ressources propres et des intérêtsprivés, pensa, adoptant en cela l'idée d'autonomie, que les colonies devaient garder leurs revenus et supporter toutes les dépenses effectuées chez elles, sauf celles qui seraient dictées par un intérêt national. Elle traça ensuite les voies et moyens pour arriver, selon elle au « self supporting » des colonies anglaises. Elle a proposé le maintien dans les colonies à conseils généraux, les seules qu'elle ait eu à envisager, de la division des deux ordres de dépenses prévus au Sénatus Consulte, mais avec des modifications profondes quant aux pouvoirs des conseils généraux en ces matières. Elle demandait donc au ministre l'abandon de la vieille doctrine de l'assimilation et préconisait son remplacement par la méthode anglo-saxonne de l'autonomie. à qui elle attribue à juste titre, l'admirable développement des colonies anglaises. C'est à cette même politique qu'est également dû le développement étonnant de la Guinée, de Cote d'Ivoire et du Dahomey qui, depuis l'heureuse initiative de M. le sous-secrétaire d'Etat Etienne, jouissent d'un régime analogue.

Le rapport de la commission des budgets locaux était à peine connu que des protestations s'élevaient de toutes parts. Entre temps, M. le sénateur Isaac avait donné sa démission de membre de cette commission. Les conseils généraux n'acceptèrent pas sans récriminer cette diminution des pouvoirs. L'une des plus éloquentes de ces protestations émane de la commission financière du Conseil général de la Martinique (1).

Le ministre des colonies, M. Decrais, adopta cependant les 3 propositions de la commission des budgets locaux qu'il est bon de rappeler ici.

1°) Toutes les dépenses civiles et de la gendarmerie sont supportées, en principe, par les budgets des colonies.

Des subventions peuvent être accordées aux colonies sur le budget de l'Etat.

Des contingents peuvent être accordés à chaque colonie jusqu'à concurrence des dépenses militaires qui y sont effectuées.

2°) Les dépenses inscrites aux budgets des colonies pourvues de conseils généraux sont divisées en dépenses obligatoires et dépenses facultatives.

La nomenclature et le maximum des dépenses obligatoires sont fixés pour chaque colonie par décret en Conseil d'Etat. Le montant des dépenses obligatoires est fixé s'il y a lieu par l'administration.

Il n'est pas dérogé aux règles actuelles en ce qui concerne les dépenses facultatives.

(1) Rapport fait au nom de la Commission financière du Conseil général sur les travaux de commission des budgets locaux, par Victor Sévère, Conseiller général. Imprimerie du Gouvernement.

3°) Les Conseils généraux des colonies délibèrent sur le mode d'assiette et les règles de perception des contributions et taxes autres que les droits de douane qui restent soumis aux dispositions de la loi du 11 janvier 1892.

Ces délibérations sont approuvées par des décrets en conseil d'Etat qui fixent un tarif minimum. des contributions et taxes.

Dans les limites de ce maximum les conseils généraux statuent sur ces tarifs. Les tarifs actuels seront considérés comme des minima si un décret en conseil d'Etat, rendu après avis du conseil général, n'intervient pas pour en modifier le taux.

Ces trois propositions furent incorporées dans la loi de finances, les deux premières telles quelles avaient été présentées par la commission des budgets locaux : la troisième a été profondément modifiée par un amendement de M. Gerville-Réache, accepté d'ailleurs par la commission du budget et par le Gouvernement. Ce troisième paragraphe n'a donc pas donné lieu à discussion au palais Bourbon. Le texte de la commission faisait fixer par le Conseil d'Etat le maximum des tarifs des taxes locales dans les limites duquel le conseil général statuait. Le droit souverain de ces assemblées sur ces tarifs leur était radicalement enlevé, elles n'avaient même plus la faculté de délibérer sauf approbation sur ces tarifs ; des maxima leur sont imposés c'est dans ces limites qu'ils statuent. Le texte rectifié de M. Gerville Réache range les pouvoirs des conseils généraux sur les tarifs dans la même catégorie que ceux sur le mode d'assiette ou les règles de perception. Si, au lieu de statuer définitivement sur ce point comme ils le faisaient autrefois, les conseils généraux ne délibèrent plus que sous condition d'approbation, du moins ils ne sont pas enfermés dans les limites d'un maximum qu'ils ne pourraient dépasser. Ils ont ainsi une initiative que ne leur laissait pas la commission des budgets locaux.

Condensée dans un seul article, qui portait le N° 65, cette réforme fut discutée par la Chambre dans sa séance du 13 mars 1900 (1). La proposition de la commission du budget et du gouvernement a été l'objet de plusieurs amendements.

Le premier paragraphe était ainsi conçu : Le régime financier des colonies est modifié à partir du 1er janvier 1901 conformément aux dispositions suivantes :

§ 1 — Toutes les dépenses civiles et de la gendarmerie sont supportées en principe par les budgets des colonies.

Des subventions peuvent être accordées sur le budget de l'Etat.

Des contingents peuvent être imposés à chaque colonie jusqu'à concurrence des dépenses militaires qui y sont effectuées.

Un amendement fut déposé, sur l'alinéa 2, par M. Denis Guibert qui eut voulu ajouter au texte sou-

(1) J. O., 14 mars 1900, p. 867 et suivantes.

mis au Parlement ces mots, « mais seulement après avis motivé de la Commission parlementaire des colonies nommée par la Chambre des députés ». Cet amendement, rejeté par le Ministre des Colonies d'accord avec la commission, fut repoussé. Il n'a pas paru possible à la Chambre de s'obliger à consulter, à ce sujet, telle ou telle commission parlementaire. Cette proposition pouvait paraître presque inconstitutionnelle ainsi que le declarait le ministre des Colonies et semblait « porter une atteinte sérieuse aux droits non « seulement de la Chambre, mais aussi du Sénat et « par conséquent aux droits du Parlement (1) ».

Sur le deuxième paragraphe. MM. d'Agoult et Henrique Duluc, proposèrent la modification suivante : Le 1er alinéa (comme dans le projet de loi) les dépenses des colonies pourvues de conseils généraux sont divisées en dépenses obligatoires et dépenses facultatives.

Dans les colonies d'Océanie et des continents d Afrique et d'Asie les dépenses obligatoires ne peuvent se rapporter que :

1°) Aux dettes exigibles ;

2°) Au traitement du personnel d'Etat proprement dit (c'est-à-dire investi par décret ou décision du Ministre des Colonies) ;

3°) Aux frais de la gendarmerie et de la justice ;

4°) Aux frais de représentation du gouverneur, au loyer et à l'ameublement, à l'entretien de son hôtel, aux frais de son secrétariat.

(1) Séance du 13 mars 1900. J. O. du 14 mars, p. 868.

Mais, dans ces mêmes colonies, l'initiative des propositions de dépenses appartient au gouverneur :

Dans les colonies d'Amérique et à la Réunion, comme dans le projet du gouvernement, pour établir dans ces colonies visées un contrôle réel des dépenses et diminuer de beaucoup les dépenses obligatoires il n'y a, suivant M. d'Agoult, qu'un moyen, fixer dans la loi la nomenclature de ces dépenses. L'on est ainsi garanti contre le mauvais vouloir que l'assemblée locale pourrait montrer à voter ces dépenses et aussi contre le système de l'administration qui, par décret, rend obligatoire toute dépense refusée par le conseil général. Pour faciliter le bon fonctionnement de cette réforme le député du Sénégal proposa de réserver dans ces colonies « aux seuls gouverneurs l'initiative des propositions de dépenses ». Ceci se rapproche de la disposition en vigueur dans les colonies anglaises qui spécifie que le droit d'amendement des membres des assemblées locales ne s'exerce que dans le sens d'unediminution de dépenses. « Le sys-
« tème fonctionnerait ainsi : d'un côté la colonie
« aurait à s'entendre avec le gouverneur pour faire
« les dépenses, et de l'autre côté, le gouverneur
« aurait à soumecttre aux ontribuables la plus
« grande partie des dépenses qu'il proposerait. »
Ce régime, bien entendu, ne s'appliquerait qu'aux colonies indiquées dans l'amendement. Le Ministre des colonies accepta la modification de MM.

d'Agoult et Henrique Duluc avec une double adjonction, en ce qui concerne les frais de police d'une part, et les dépenses obligatoires spécifiées commetelles dans les diverses dispositions législatives. La Chambre admit cet amendement avec le vote du 2e paragraphe.

Le 3e §, résultat de l'amendement Gerville-Réache, fut admis sans discussion,

Lorsque le projet de loi de finances passa au Sénat, l'article 65 devenu l'article 27 lui fut soumis dans les séances du 9 et 10 avril 1900. Le premier paragraphe sur lequel aucun changement ne fut demandé passa tel qu'il était sorti du vote de la Chambre.

Le 2e paragraphe suscita deux amendements, l'un fut déposé par M. Godin d'accord avec le gouvernement, il ne changeait rien quant au fond à celui de MM. d'Agoult et Henrique Duluc, il proposait simplement une rédaction plus satisfaisante qui fut adoptée sans difficulté. Sur ce même paragraphe M. le sénateur Drouhet proposa un amendement ainsi conçu ;

§ 2. — Les colonies régies par le Sénatus-Consulte du 4 juillet 1866 comprendront désormais dans les dépenses obligatoires le traitement du gouverneur, le personnel de la justice et des cultes, le service du trésorier-payeur et celui de la gendarmerie.

Les dépenses inscrites au budget des autres colonies pourvues de conseils généraux, sont divisées en dépenses obligatoires et en dépenses facultatives.

Dans ces colonies les dépenses obligatoires ne peuvent se rapporter 1° 2° 3° 4°, comme dans le projet.

Mais, dans ces mêmes colonies, l'initiative des propositions de dépenses est réservée au gouverneur.

Le sénateur de la Réunion demandait de plus que le paragraphe 3 de l'art. 27 fut ainsi redigé :

Les conseils généraux des colonies délibèrent... (sans changement).

Ces délibérations ne sont applicables qu'après avoir été approuvées par une loi. Jusqu'au vote de cette loi, la perception se fait sur les bases anciennes.

En cas de rejet de la loi le Conseil général dont les tarifs ou taxes n'ont pas été approuvés est appelé à en délibérer de nouveau.

Les deux amendements ci-dessus que M. Drouhet développa à la tribune donnaient satisfaction au projet du gouvernement en ce qui concerne la nomenclature des nouvelles dépenses obligatoires, dépenses civiles et de la gendarmerie à la charge des budgets locaux des colonies régies par le Sénatus Consulte, mais d'autre part, ils ne tendaient rien moins qu'à substituer à l'intervention du Conseil d'Etat celle du pouvoir législatif. M. Drouhet proposait d'appliquer aux autres colonies pourvues de Conseils généraux l'amendement de M. d'Agoult. Dans le second amendement il demandait l'approbation des délibérations du Conseil général, non pour le pouvoir exécutif comme le sont les délibérations des Conseils généraux métropolitains sur les points prévus à la loi du 10 août 1871, mais bien par la loi.

M. le Sénateur Drouhet se plaignit dans son discours de voir une question constitutionnelle incorporée à la loi de finances. Le Ministre des Finances lui répondit qu'une telle réforme trouvait bien sa place dans cette loi. puisqu'elle avait trait au budget même des colonies et qu'elle était destinée à préparer un régime qui donnera pour l'avenir de très notables économies au Trésor. Plus loin, M. Drouhet ne pouvait se résoudre à voir ainsi diminuer les privilèges des Conseils généraux coloniaux qui votaient souverainement les tarifs et dont seules les délibérations relatives au mode d'assiette et aux règles de perception des taxes et contributions étaient soumises à l'approbation ; avec le projet du gouvernement ce privilège exhorbitant disparaissait. Les deux amendements de M. Drouhet furent repoussés dans la séance du 10 avril 1900.

La réforme demandée par le gouvernement et la Commission du budget sur les propositions de la commission des budgets locaux avait abouti. Elle fut promulguée dans l'article 33 de la loi de finances du 13 avril 1900. Bien qu'elle touche à diverses parties de ce travail, la réforme en question sera, *brevitatis causa*, étudiée en entier dans ce chapitre. Elle est d'ailleurs trop intimement liée aux pouvoirs financiers des conseils généraux des Colonies pour qu'il soit possible de disjoindre une quelconque de ses parties.

Cet article 33, modification la plus importante apportée au Sénatus-Consulte de 1866 spécifiait que :

Art. 33. — Le régime financier des colonies tes modifié, à partir du 1er janvier 1901, conformément aux dispositions suivantes :

§ 1er. — Toutes les dépenses civiles et de la gendarmerie sont supportées en principe par les budgets des colonies.

Des subventions peuvent être accordées aux colonies sur le budget de l'Etat.

Des contingents peuvent être imposés à chaque colonie jusqu'à concurrence du montant des dépenses militaires qui y sont effectuées.

§ 2. — Les dépenses inscrites au budget des colonies pourvues de conseils généraux sont divisées en dépenses obligatoires et en dépenses facultatives.

Dans les colonies d'Océanie et des continents d'Afrique et d'Asie, les dépenses obligatoires ne peuvent se rapporter que :

1° Aux dettes exigibles ;

2° Au minimum du traitement du personnel des secrétariats généraux. Ce minimum est fixé par décret ;

Aux traitements des fonctionnaires nommés par décret ;

3° Aux frais de la gendarmerie et de la police et à ceux de la justice ;

4° Aux frais de représentation du gouverneur, au loyer, à l'ameublement et à l'entretien de son hôtel, aux frais de son secrétariat et autres dépenses imposées par des dispositions législatives.

Mais, dans ces mêmes colonies, l'initiative des propositions de dépenses est réservée au gouverneur.

Dans les colonies d'Amérique et à la Réunion, la nomenclature et le maximum des dépenses obligatoires sont fixés pour chaque colonie par décret en conseil d'Etat.

Dans la limite du maximum, le montant des dépenses obligatoires est fixé, s'il y a lieu, par le ministre des colonies.

Il n'est apporté aucune modification aux règles actuelles en ce qui concerne les dépenses facultatives.

§ 3. — Les conseils généraux des colonies délibèrent sur le mode d'assiette, les tarifs et les règles de perception des contributions et taxes autres que les droits de douane, qui restent soumis aux dispositions de la loi du 11 janvier 1892.

Ces délibérations ne seront applicables qu'après avoir été approuvées par les décrets en conseil d'Etat.

En cas de refus d'approbation par le conseil d'Etat des tarifs ou taxes proposés par un conseil général de colonie, celui-ci est appelé à en délibérer de nouveau.

Jusqu'à l'approbation du conseil d'Etat, la perception se fait sur les bases anciennes.

Chacun des paragraphes ci-dessus apporte une modification à la législation antérieure, ces changements se commandent l'un l'autre.

§ 1. — Le § 1 débute par une adhésion au système de l'autonomie financière. Le Ministre des Colonies s'est très nettement expliqué sur ce point à la tribune de la Chambre le 11 décembre 1899 (1).

(1) J. O. 12 déc. 1899, p. 2132.

« Une loi de 1893, insérée dans le budget de la « même année a décidé, en vue de diminuer la part « toujours croissante des charges de la Métropole dans « les dépenses coloniales, que toutes les colonies con- « tribueraient dans des proportions variant suivant « leurs ressources aux charges générales de l'État. » Le système de la loi de 1893 n'a pas atteint son but en ce sens qu'il en est résulté fort peu d'économies. « Dans ce système, conforme du reste à nos traditions « et à notre conception des choses coloniales, les colo- « nies sont comme le prolongement de la métropole et « forment pour ainsi dire des départements d'outre- mer. « Eh bien, ce système, d'après moi, d'après « un certain nombre de coloniaux éminents tels « que MM. Siegfried, Guillain et Caillaux est oné- « reux pour l'Etat et cette conception est fausse. « Il me semble que les colonies devraient au con- « traire être considérées de la façon dont elles le « sont chez tous les peuples coloniaux c'est-à-dire « *comme des collectivités distinctes, ayant leur vie* « *et leur indépendance propres, disposant de toutes* « *leurs ressources, acquittant toutes leurs charges sous* « *le contrôle supérieur, bien entendu, avec l'appro-* « *bation de l'Etat et recevant de l'Etat, si besoin est,* « *des subventions dont celui-ci fixe la quotité.* » C'est pourquoi mon honorable collègue M. le Ministre des finances et moi, nous inspirant de cette manière de procéder, nous vous avons soumis le principe et la formule du § 1 de l'article 33 de la loi de finances. « Vous le voyez, c'est la loi de 1893 retour-

« née. L'Etat ne reçoit plus de contingents des colo-
« nies mais ne paie plus leurs dépenses. Les colonies
« reçoivent des subventions de l'Etat mais elles sup-
« portent toutes leurs charges. »

Les dépenses que les colonies doivent avoir en principe à leur charge sont dénommées dans ce paragraphe « dépenses civiles et de la gendarmerie ». Il ne s'agit donc pas des dépenses militaires dont une très grande partie est faite, « non dans un intérêt pure- « ment colonial, mais dans un intérêt national incon- « testable » Les dépenses qui ont ce caractère ne sauraient équitablement incomber aux colonies et de ce chef « un départ est nécessaire, il serait délicat et risquerait de provoquer des récriminations ». Son utilité au surplus n'est pas immédiate, car la situation financière de nos établissements d'outre-mer ne leur permettra pas d'acquitter, dès à présent, l'ensemble de leurs dépenses civiles (y compris celle de la gendarmerie et de la police intérieure) et des subventions seraient pendant quelques années encore réclamées au Trésor métropolitain (1). Dans ces conditions, il a paru préférable à la commission et au parlement qui a sanctionné sa résolution de laisser les dépenses militaires à la charge de l'Etat sauf, le cas échéant, à réclamer aux colonies des contingents représentant le montant des dépenses militaires effectuées pour leur compte. Le contingent imposé aux colonies comme contri-

(1) Voir conclusion.

butions aux dépenses civiles et aux charges générales de l'Etat n'a plus sa raison d'être puisque la colonie supporte la charge des services civils organisés sur son territoire. S'il a encore été prévu cette année dans la loi de finances (art. 7) pour une somme totale de 571,881, c'est que la réforme ne doit entrer en vigueur qu'à partir de l'exercie 1901.

Tout au contraire, les dépenses purement militaires, étant toujours supportées par le budget colonial, était-il nécessaire de prévoir l'éventualité de contingents imposés à chaque colonie jusqu'à concurrence des dépenses militaires qu'elle occasionne. Ce principe n'est pas nouveau, il a son point de départ dans la loi de 1893. De plus, à l'étranger, en Angleterre, il a été mis en pratique. C'est ainsi que l'*Impérial Défence Act* de 1888 oblige certaines colonies à participer pour une somme de 3.150.000 francs par an, à la construction et à l'entretien de sept nouveaux navires de guerre qui demeurent pourtant la propriété exclusive du gouvernement britannique. Enfin le Sénatus-Consulte de 1866 prévoyait (art. 6) l'éventualité d'un contingent imposé et jusqu'à concurrence des suppléments coloniaux de la gendarmerie et des troupes. Les dépenses de la gendarmerie sont assurées complètement par le budget local. La loi n'a pas limité le contingent imposable aux suppléments coloniaux, mais bien à la totalité des dépenses militaires (personnel et matériel). De même qu'un contingent a été imposé en 1866 et 1893, aux colonies jusqu'à concurrence du montant de leurs services civils payés par l'Etat, de même une contribution peut être imposée aux colonies jusqu'au montant des dépenses militaires qu'elles occasionnent. L'alinéa 3 du 1er paragraphe ne veut pas dire autre chose.

§ 2. — Est maintenue à ce § 2 (alinéa 1) pour les colonies à conseils généraux, seuls établissements intéressés dans la question, la division du budget local des dépenses donnée par le Sénatus-Consulte de 1866 (art. 7) en deux sections comprenant :

La 1re les dépenses obligatoires ;

La 2e les dépenses facultatives.

C'est tout ce qui reste désormais du Sénatus-Consulte au sujet des dépenses locales. La nomenclature qu'il donnait est modifiée, le sens d'une augmentation, pour être conforme aux principes nouveaux posés dans le § 1, alinéa 1. Les franchises des conseils généraux disparaissent. Ce paragraphe distingue (à l'encontre du Sénatus-consulte et des actes organiques) entre les colonies suivant leur position géographique et suivant leurancienneté. Le Parlement n'a pas voulu étendre le même régime à tout notre domaine colonial et procéder « par cette voie « absolument géométrique et générale si chère à la « législation française ». Les colonies diffèrent entre elles, et il est indispensable de ne pas traiter de la même façon et celles qui sont très anciennes et les colonies de notre empire récent ; « celles qui souffrent d'une façon directe du régime douanier actuel, du régime protectionniste que nous leur avons imposé, et celles dont l'existence économique n'est pas soumise aux mêmes souffrances. »

Aussi la loi nouvelle a-t-elle divisé nos colonies à conseils généraux en deux groupes bien distincts :

D'une part les colonies d'Océanie et des continents d'Afrique et d'Asie ;

D'autre part les colonies d'Amérique et la Réunion.

Pour les premières, la loi donne elle-même la nomenclature des dépenses obligatoires. C'est une garantie de stabilité, quoique celle qui résultait pour elle des actes organiques n'ait pas été modifiée dans le principe, on remarque dans la nomenclature les principales dépenses qui leur étaient imposées jusqu'ici. Pour être en harmonie avec le 1er alinéa du § 1, il fallait qu'elle contînt les services civils autrefois assurés sur le service de l'Etat (gendarmerie et justice). Elle a dû fixer un minimum à prévoir pour les traitements de personnel des secrétariats généraux. Les autres dépenses imposées ne sont pas nouvelles, les dettes exigibles figurent dans tous les décrets d'organisation. Les frais de représentation du gouverneur faisaient partie de la section obligatoire depuis 1897 (loi du 29 mars). Après l'énumération qui précède, le législateur ajoute... et aux autres dépenses imposées par des dispositions législatives ; ce membre de phrase a permis d'arrêter là cette énumération. Il fait par exemple rentrer dans la catégorie des dépenses obligatoires les frais de personnel et de matériel du service des douanes (Loi du 11 janvier 1892, art. 6).

C'est aussi la possibilité pour l'avenir d'introduire de nouvelles dépenses obligatoires sans modification de la loi de principe. Elles viendront s'ajouter, s'il y a lieu, à celles déjà prévues.

Mais, dans ces mêmes colonies, les pouvoirs du conseil général subissent une grave restriction. Quoique dans ces possessions les assemblées locales aient la liberté de se mouvoir, même dans leurs dépenses obligatoires, puisqu'il n'y a pour elles aucun maximum déterminé « l'initiative des propositions de dépenses est réservée au gouverneur ». La loi n'a pas spécifié si elle entendait parler ici des dépenses obligatoires ou des dépenses facultatives. La restriction des pouvoirs des membres des conseils généraux de ces colonies s'appliquent à ces deux ordres de dépenses. C'est une disposition toute nouvelle dans la législation française qui a son analogie dans l'organisation anglaise (1). C'est une mesure très sage qui, dans la pensée de son auteur, M. d'Agoult, a pour but d'établir un équilibre stable entre les assemblées élues et l'administration. Ce but sera vraisemblablement atteint ; en tous les cas, c'est une expérience à tenter. Cette réforme a été admise sans récriminations de la part de ceux qu'elle atteignait, ce qui est de bon augure. Elle permettra la réalisation de sérieuses économies dans les budgets visés.

Tout autres sont les dispositions de ce paragra-

(1) Voir Appendice.

phe pour les colonies d'Amérique, c'est-à-dire les Antilles, la Guyane, et de la Réunion. Pour ces possessions, la réforme est double ; la loi annonce, d'une part, la refonte des dépenses obligatoires qui, pour être d'accord avec le premier paragraphe, devront être augmentées des dépenses civiles et de gendarmerie dont l'état s'est déchargé sur les budgets locaux. Mais ici la loi ne détermine pas elle-même, comme elle a fait pour les colonies du premier groupe, cette nouvelle nomenclature. Elle confie ce soin à l'administration, à l'action combinée du Ministre des Colonies et du Conseil d'Etat. De plus, ces autorités auront à fixer le maximum de ces dépenses dans le règlement d'administration publique à intervenir. Enfin, s'il y alieu, le Ministre est armé du pouvoir de déterminer dans la limite de ce maximum le montant des dépenses obligatoires. Les colonies, pour cette fixation en deça du maximum, n'avaient pas besoin de garanties qui, on peut le penser, étaient nécessaires pour fixer ce maximum même.

Sur ce point, les colonies du deuxième groupe semblent moins bien partagées. Un maximum leur est imposé et dans ce maximum le montant même des dépenses à voter obligatoirement peut être expressément déterminé. Seulement, les membres des assemblées locales gardent leur initiative en matière de dépenses facultatives, ils peuvent proposer des augmentations ou diminutions dans les crédits proposés, car il n'est apporté aucune modification aux règles qui régissent dans ces colonies les dépenses facultatives.

Avant même qu'elles eussent été sanctionnées par les Chambres, ces dispositions avaient soulevé aux colonies d'énergiques protestations. Elles distinguaient entre la nomenclature et le maximum. Leurs auteurs eussent désiré voir comprendre dans la loi annuelle des finances, cette nomenclature qui n'est pas susceptible de variations périodiques, tandis qu'elles laissaient à l'appréciation du pouvoir exécutif la fixation du maximum. Ces considérations furent sans effet, le législateur passa outre et donna à l'administration les droits de contrôle réel, tout en laissant à ces colonies la garantie de voir discuter la nomenclature et le maximum des dépenses qui leurs sont imposées par la plus haute assemblée administrative.

§ 3. — Les voies et moyens par lesquels les conseils généraux des colonies doivent assurer les dépenses obligatoires d'abord, les dépenses facultatives ensuite, sont les mêmes pour toutes les colonies à conseils généraux, pour la Réunion comme pour le Sénégal. Leurs pouvoirs de ce chef ont été très atteints par la loi nouvelle. Ils ne votent plus définitivement les tarifs des taxes et contributions, prérogatives que ne possédaient pas les conseils généraux de la métropole, franchises qu'ils tenaient du second Empire, d'une époque où l'élection n'avait aucune part dans la composition des conseils ainsi qu'on l'a souligné à la Chambre. Désormais, les délibérations des conseils généraux coloniaux sur les tarifs des taxes devront, pour être valables, être soumises à l'approbation comme l'étaient déjà celles relatives au mode d'assiette et aux règles de perception. Leurs privilèges par rapport aux pouvoirs des conseils généraux métropolitains ainsi moins exhorbitants. Il était inconcevable qu'une telle différence de traitement existait entre ces deux institutions.

Quel mode d'approbation a été choisi ?

« Pour le règlement de ces affaires, a déclaré le « Ministre, ni l'autorité du gouverneur, ni celle du « Minisire, ni même celle d'un simple décret ne nous « ont semblé suffisantes, et si nous n'avons pas voulu, « si je puis m'exprimer ainsi, emprunter à la loi « toute sa majesté, nous avons pensé qu'un décret « rendu en conseil d'Etat présenterait toutes les ga- « ranties nécessaires tout en nous donnant un instru- « ment bien plus simple, bien plus souple et bien « bien plus précis. » Il s'agit en définitive de matières ayant un caractère administratif. Il était tout naturel de donner au conseil d'Etat mission d'éclairer le pouvoir exécutif.

D'ailleurs, dans les colonies anglaises, sauf dans celles de self governement aucune taxe ne peut être créée sans l'approbation du Colonial Office (1). Ces colonies ne sont donc pas mieux traitées sur ce point que les colonies françaises.

En terminant, la loi a soulevé l'hypothèse d'un

(1) Voir Appendice.

refus du conseil d'Etat d'approuver les tarifs ou les taxes proposées. La loi n'a pas voulu substituer l'appréciation du Conseil d'Etat a celle des assemblées locales. Ce tribunal administratif ne peut apporter, de sa propre autorité, aucune modicifation aux propositions qui lui sont soumises. Il ne peut que les rejeter en bloc. Le conseil général intéressé est appelé à en délibérer de nouveau, et jusqu'à l'approbation, la perception se fait sur les bases anciennes.

Ainsi, les droits des Conseils généraux, réduits dans une forte proportion, ont été cependant sauvegardés en partie ; et l'on ne comprend pas qu'on ait pu reprocher à cette réforme de manquer de libéralisme. Des privilèges exhorbitants, qui avaient amené de nombreux abus de la part des assemblées qui en bénéficiaient, ont été supprimés. La loi leur a laissé le droit de délibérer, non seulement sur le mode d'assiette et les règles de perception, mais encore sur les tarifs même de ces taxes. La loi ne pouvait être plus libérale, leurs attributions sont encore plus étendues que celles des conseils métropolitains. L'éloignement des colonies justifie cette amplitude de pouvoirs d'assemblées qui, en dehors des dépenses obligatoires, peuvent assurer avec leurs propres ressources, comme elles l'entendent, les dépenses facultatives du budget local.

En résumé donc, après la *capitis diminutio* qu'ils viennent de subir les conseils généraux des colonies ont le devoir d'assurer en principe toutes les dépenses civiles et de la gendarmerie, les dépenses obligatoires fixées selon le cas par la loi elle-même (§ 2) ou par le décret du 21 Août 1900. Entière liberté leur est laissée pour les dépenses facultatives. Ils ont le choix de la matière imposable, l'initiative de l'établissement des taxes. Sur les tarifs le mode d'assiette et les règles de perception leurs délibérations doivent être approuvées.

C'est avec ces moyens et dans ces limites qu'ils voteront à partir de l'exercice 1901, le projet de budget local présenté par l'administration.

Section III. — Approbation du budget local

Il vient d'être dit comment il était procédé à la préparation et au vote du budget local. Régulièrement délibéré par le conseil Général où le conseil d'administration, suivant le cas, ce budget ne se suffit pas à lui-même. Il doit être homologué ou *approprié* comme on dirait en Angleterre. Par quelle autorité ?

Il faut distinguer ici encore les colonies à conseils généraux et les possessions où n'existe qu'un conseil d'aministration.

Dans les premières, c'est le gouverneur qui, aux termes des articles 5 du Sénatus-Consulte de 1866 et 12 du décret du 20 Novembre 1882, arrête et rend exécutoire en conseil privé le budget de la colonie.

En France, le budget départemental est lui aussi soumis a l'approbation et n'est difinitivement réglé que par décret (1).

Dans les secondes c'est-à-dire la Guinée, Côte d'Ivoire, Dahomey, Congo, Côte français des Somalis, Madagascar, à Saint-Pierre Miquelon, on ne rencontre que le conseil, d'administration lequel remplace le conseil privé. C'est cette assemblée qui vote le budget ; elle approuve elle-même ses propres délibérations, et arrête le budget. En fait, cependant, le budget n'est rendu exécutoire qu'après autorisation du département de sorte que si la formule : Arrêté en conseil d'administration, le présent budget en recettes et en dépenses à la somme de, est pour ces colonies toujours suivie de la signature du Gouverneur, c'est en réalité le Ministre qui approuve le budget. Cette approbation ne constitue qu'une simple formalité pour les budgets locaux comme ceux de la Guinée, du Dahomey, de la Côte d'Ivoire même. Au contraire, les budgets du Congo et de la Côte Somalis doivent, semble-t-il, être vérifiés de très près. Eux seuls, en effet, en Afrique ne paient pas toutes leurs dépenses avec leurs seules recettes et ont besoin de l'appoint de subventions métropolitaines.

Mais dans les colonies pourvues d'assemblées locales quels sont à ce sujet les droits du gouverneur ? Sur ce point le Sénatus-Consulte de 1866 (a 8 et 9) reste en vigueur.

(1) Art. 57, loi du 10 Août 1871, *in fine*.

Il va de soi que le gouverneur, à qui est présenté un budget local en équilibre et qui a pourvu à toutes les dépenses obligatoires imposées à la colonie par la loi du 13 avril 1900 a. 33 ou le decret du 21 avril 1900 ne peut qu'approuver purement et simplement et rendre exécutoire ce budget. Il est tenu de remplir cette formalité. De même en France le Président de la République ne saurait refuser son approbation à un budget départemental équilibré et qui a voté dans la limite fixée ses dépenses obligatoires, les mêmes pour tous les départements. L'égalité de traitement entre les deux sortes de budget n'est cependant qu'apparente. Dans la réalité, les conseils coloniaux, bien qu'ils aient à payer désormais les dépenses laissées autrefois dans les colonies à la charge de l'Etat, sont encore plus libres que les conseils généraux des départements. Ils peuvent donner l'extension qu'ils veulent aux dépenses facultatives lorsqu'ils ont assuré la dotation réglementaire des dépenses obligatoires.

Le gouverneur n'a donc à exercer son droit que dans deux cas :

A) Lorsque le Conseil général lui présente un budget en déficit.

B Lorsque dans un budget une ou plusieurs des dépenses obligatoires ont été omises ou si les crédits votés par le Conseil général au titre de dépenses obligatoires sont insuffisants.

A. — Quand le budget ne lui est pas présenté en

équilibre, le gouverneur n'a qu'un moyen à sa disposition pour rétablir les choses dans l'état ou elles devraient être. Le Sénatus Consulte lui permet (art. 9) de modifier ou de changer les dépenses « votées par le conseil général à la 2e section du budget » dans le cas où les depenses facultatives excéderaient les ressources ordinaires de l'exercice après prélèvement des dépenses obligatoires. Pour bien marquer le caractère exceptionnel de cette atteinte portée aux pouvoirs encore sans contrôle des conseils généraux en matière de dépenses facultatives, l'article du Sénatus-Consulte ajoute que « le Ministre des Colonies prononce « définitivement sur ces changements ou modifications. » Le Gouverneur d'accord avec le Ministre auquel il fait approuver ses propositions peut donc remanier en quelque sorte le budget voté par le Conseil général. En France, le Président de la République, en fait le Ministre de l'Intérieur, ne pourrait que refuser son approbation au budget départemental non équilibré. C'est au Conseil général qu'il appartient de le remanier.

B) Le deuxième cas qui peut se présenter est celui d'une omission ou d'une insuffisance dans les prévisions des dépenses obligatoires dont la nomenclature et le maximum ont été fixés pour les trois vieilles colonies et la Guyane par un décret du 21 Août 1900 (1) et dont la nomenclature seule a été déterminée pour

(1) J. O. 1900 N° 228 p. 5655. V. tableau y annexé.

les Colonies d'Océanie et les Continents d'Afrique et d'Asie par l'art. 33 § 2 de la loi de finances du 13 avril 1900. Les pouvoirs du Gouverneur qu'il s'agisse de dépenses omises, d'allocations trouvées insuffisantes par lui en conseil privé, sont les mêmes. Les droits qu'il tenait sur ce point du Sénatus-Consulte de 1854 étaient plus étendus, l'art. 16 « l'autorisant à introduire d'office dans le budget les dépenses obligatoires auxquelles les conseils auraient négligé de pourvoir, à reduire les dépenses facultatives. » Plus respectueux des délibérations des Conseils généraux, le Sénatus-Consulte de 1866 (a. 8) n'a pas permis au gouverneur de modifier à son gré le projet de budget. Il lui impose toute une procédure rigoureuse. Le Gouverneur doit d'abord pourvoir aux dépenses obligatoires en question *provisoirement* à l'aide du fonds des dépenses diverses et imprévues, crédit qui figure lui-même obligatoirement au budget (N° 12 du tableau annexé au Décret du 21 Août 1900). C'est seulement en cas d'insuffisance de ce fonds que le Gouverneur est tenu d'en référer au Ministre et de proposer à ce dernier, qui statuera par voie d'arrêté, l'inscription d'office des dépenses omises ou l'augmentation des allocations insuffisantes.

Mais comment sont acquittées ces dépenses nouvellement inscrites au budget local ? Le gouverneur a le choix des moyens à employer pour y faire face : il y pourvoit « soit par une réduction des dépenses « facultatives, soit par une imputation sur les fonds « libres, soit par une augmentation du tarif des

« taxes. » L'ordre dans lequel sont indiqué au § 3 de l'art. 8 du Sénatus-Consulte de 1866 ces moyens n'a rien d'étroit. Le Gouverneur se décide par arrêté pris en conseil privé pour celui qui lui présente le plus de garanties pour la bonne administration des finances de la Colonie. Seule s'impose à lui, inéluctable, l'obligation de recourir au fonds de dépenses diverses et imprévues avant de saisir le ministre pour provoquer l'inscription d'office de ces dépenses.

La procédure suivie dans le cas d'omission ou d'insuffisance des crédits votes par le Conseil général pour le budget départemental n'est pas la même. Quand, dans un budget départemental, le Conseil général a omis de voter des crédits suffisants pour les dépenses obligatoires, le décret qui règle le budget ne peut qu'inscrire d'office le crédit nécessaire et y pourvoir par une contribution spéciale portant sur les contributions directes, si toutefois cette contribution ne dépasse pas le maximum fixé annuellement par la loi de finances. Mais ce décret ne peut en aucun cas modifier les autres allocations votées régulièrement par le Conseil général (Art. 61. loi du 10 août 1871). Il ne peut, par exemple, réduire une dépense facultative ne présentant elle-même aucun caractère d'illégalité (1). Pour les dépenses obligatoires des Colonies, les Sénatus-Consultes de 1854

(1) Art. 61. — Si un Conseil général omet d'inscrire au budget un crédit suffisant pour l'acquittement des dépenses énoncées aux numéros 1, 2, 3 et 4 de l'art. précédent ou pour

(art. 16) et de 1866 (art. 8 et 9) avaient, on vient de le voir, laissé à l'autorité supérieure le choix des moyens pour rétablir les choses dans la situation réglementaire.

Une deuxième hypothèse a été émise par le Sénatus-Consule (art. 10) qui a été reproduite dans l'art. 40 du Décret du 20 novembre 1882, celle ou le Conseil général ne se réunirait pas par cas de force majeure, impossibilité matérielle ou refus, ou s'il se séparait avant d'avoir voté le budget. Le Gouverneur alors, avec l'aide du conseil privé, soumettrait ses propositions au Ministre des Colonies qui établirait d'office le budget local. Le gouverneur devrait pourvoir provisoirement en Conseil privé à l'ouverture des douzièmes nécessaires en recettes et en dépenses. Il se conformerait rigoureusement aux fixations du budget précédent Les instructions aux gouverneurs sur l'application du Sénatus-Consulte de 1866 de M. Chasseloup-Laubat sont formelles à cet égard.

Dans tous les cas examinés ci-dessus, le gouverneur n'a pu agir seul ; il a. du prendre, chaque fois,

l'acquittement de dettes exigibles, il y est pourvu au moyen d'une contribution spéciale portant sur les quatre contributions directes et établie par un décret, si elle est dans les limites du maximum fixé annuellement par la loi de finances, ou par une loi si elle doit excéder ce maximum. Le décret est rendu dans la forme des réglements d'administration publique et inséré au Bulletin des lois. Aucune autre dépense ne peut être inscrite d'office dans le budget ordinaire et les allocations qui y sont portées par le Conseil général ne peuvent être ni changées ni modifiées par le décret qui règle le budget.

l'avis du conseil privé, placé à côté de lui pour l'éclairer. L'action de ce conseil, composé sous sa présidence, des chefs d'administration et de deux notables, ne pouvait être plus utile que dans ces circonstances. La présence à cette assemblée des chefs d'administration permet en effet au gouverneur de se rendre un compte exact de la marche et des besoins des services dans les plus petits détails, ce que son rôle ne lui laisse pas le temps de connaître. Or, en matière de crédits, les plus grands éclaircissements ne nuisent jamais. En outre, l'avis du conseil privé présente pour le gouvernement une réelle garantie depuis qu'il exerce (déc. du 21 Mai 1898) les fonctions de l'ancien Directeur de l'Intérieur et que, par ce fait, il est directement responsable des finances locales.

Le budget arrêté est rendu exécutoire par arrêté du gouverneur pris en conseil avant l'ouverture de l'exercice (art. 40, 20 nov. 1882).

Comme le budget départemental (1), il est imprimé. La dépense qui en résulte est une des dépenses obligatoires qu'on retrouve aussi bien dans le Sénatus-Consulte de 1866 (a 7) que dans le décret du 21 Août 1900 (tableau annexé n° 17).

Enfin il est notifié au Trésorier payeur de la Colonie, qui, sans cette formalité qui lui donne connaissance des crédits ouverts et de leur affectation à tel chapitre, ne pourrait payer les mandats qui seraient présentés à sa Caisse.

(1) A. 67, Loi du 10 Août 1871.

CHAPITRE III

Contexture des budgets locaux.

Les budgets locaux se divisent comme il suit

Recettes ordinaires ;

Recettes extraordinaires ;

Dépenses ordinaires ;

Dépenses extraordinaires.

(A. 41, T. 1, Ch. 1, Décret du 20 nov. 1882.)

Il y a donc lieu d'étudier dans une 1re section, les Recettes et dans une 2me section, les Dépenses.

Section I

§ *1.* — *Recettes ordinaires.*

§ *2.* — *Recettes extraordinaires.*

§ 1. *Recettes ordinaires.* — Les recettes ordinaires sont (A. 42, D. 20 nov. 1882) :

A. Les taxes et contributions de toute nature votées par les conseils compétents ;

B. Les droits de douane ;

C. Les revenus des propriétés coloniales ;

D. Les produits divers dévolus au service local ;

E. Les subventions accordées par la métropole ;

Cette énumération n'est pas limitative et n'exclut pas toute autre imposition régulièrement assise et ne figurant pas dans la nomenclature ci-dessus.

A. *Les impôts.* — De cet art, 42, il ressort que les taxes et contributions perçues dans une colonie appartiennent à cette colonie et constituent pour elle l'une des principales recettes du budget.

Les impôts qui peuvent être considérés comme les frais généraux de la colonie, se présentent, dans nos colonies comme en France, sous la forme d'impôts directs et d'impôts indirects ; les premiers perçus en *vertu d'un rôle*, les seconds d'après un tarif. Cette distinction de la loi française conserve sa valeur légale pour les colonies où elle reste d'ailleurs aussi critiquée que critiquable. Elle détermine là comme ici, les règles du contentieux.

Le contentieux des impôts directs est tranché — en vertu de la séparation des pouvoirs qui existe aux colonies à peu près comme dans la métropole, l'autorité administrative connaissant de ses actes — par l'autorité administrative.

Pour les impôts indirects, au contraire, c'est l'autorité judiciaire qui résout les litiges. Le contribuable qui réclame au sujet de la perception d'une taxe de cette nature se plaint d'une mauvaise application de la loi et c'est l'autorité judiciaire qui est chargée de réprimer les applications défectueuses de la loi.

Cette règle n'est pas une vérité élémentaire, elle

a donné lieu, dans son application, à des contentieux qui ont été portés jusque devant le conseil d'Etat. Ainsi, dans certaines de nos colonies, où il n'y a pas de cadastre, l'impôt foncier est remplacé par un droit de sortie sur les produits du sol (Martinique, Guadeloupe, Réunion) (droit de sortie sur les gommes au Sénégal) ; de même en Cochinchine, à la Nouvelle-Calédonie, dans quelques établiseements de l'Inde, l'impôt foncier sur les terrains à salines est remplacé par un droit de sortie sur le produit brut de ces fonds.

Mais quelle est la nature de cette taxe de remplacement de l'impôt direct qu'est la contribution foncière ? Ce droit de sortie perçu en vertu d'un tarif préétabli change-t-il de nature en remplaçnnt une taxe directe ?

Le Conseil d'Etat au Contentieux a décidé le 4 janvier 1878 (Souques et Cie contre la colonie de la Guadeloupe) (1) que ces droits étaient de véritables impôts indirects, et que, par la suite, les litiges auxquels ils pouvaient donner lieu rentraient dans la compétence ordinaire des tribunaux judiciaires.

C'est le conseil privé ou le conseil d'administration (2) en général composé sous la présidence du gouverneur, des chef d'administration et de deux habitants notables qui, avec l'adjonction de deux magistrats, se transforme en conseil du contentieux et a, dans ses attributions, conformément aux dispositions

(1) Recueil des arrêts, t. 48, a. 1878, p. 3.
(2) Conseil d'administration en Afrique.

de l'article 176 § 13 de l'ordonnance du 9 février 1827 (1), tout le contentieux administratif. Il remplit, en ce qui concerne le contentieux des impôts directs l'office du conseil de préfecture.

Mais ces taxes directes ou indirectes, qu'elles sont-elles ? Retrouve-t-on dans nos établissements d'Outre-Mer la même nomenclature d'impôts qu'en France ?

Les conseils généraux déterminant les taxes à percevoir (2) dans leur colonie, il s'en suit entre les colonies une très grande diversité dans le régime fiscal, tel conseil préférant l'établissement d'un impôt que rejettera son voisin. De même, dans les colonies non dotées d'institutions représentatives, le décret du 30 janvier 1867 (3) donne pouvoir au Gouverneur de fixer l'assiette, le tarif, les règles de perception des taxes et contributions par des arrêtés qu'il soumet à l'approbation du pouvoir central ; ces arrêtés sont d'ailleurs provisoirement exécutoires. L'on comprend alors cette diversité de régime qui répond aux conceptions différentes qu'ont des taxes locales les assemblées ou les gouverneurs.

A cette raison vient se joindre la différence du climat, de civilisation, de situation administrative, tel impôt réussit dans une colonie, qui échouerait infaillement dans une autre.

Pour s'en rendre compte, il suffit de consulter

(1) Bulletin des Lois, 8e série, Tome 6, 1827, p. 665.
(2) Voir Ch. II, S. II.
(3) B. O. M., 1867, 1er Semestre, p. 127.

les budgets locaux de nos différentes colonies. C'est là, en effet, que se trouve résumé le régime fiscal de chacune d'elle. Une circulaire du Ministre des Colonies du 7 nov. 1898 (1) ordonne aux Gouverneurs d'insérer dans le budget local les taxes et contributions perçues dans la colonie ainsi que les tarifs s'y rapportant. C'est pourquoi les contributions de toute nature, qui sont perçues dans chacune de nos colonies, ne seront pas étudiées en détail.

Dans son traité de législation coloniale, M. Paul Dislère (2) s'est longuement étendu sur ce point. Il a montré dans deux tableaux successifs les impôts directs et indirects en vigueur dans nos possessions coloniales avec leur date de création (3) Il suffit de s'y reporter

(1) B. O. C. 1898, p. 756.

(2) Dislère. — Traité de législation coloniale. Livre I, Titre 6.

(3) Cependant, ci-après en résumé la nomenclature des impôts directs et indirects des colonies. — *L'impôt foncier* existe partout, sauf à Saint-Pierre et Miquelon, il ne frappe que les maisons à la Réunion, à la Guyanne et à la Guadeloupe, il est remplacé par un droit de sortie aux Antilles, à Nossi-Bé, en Cochinchine (sol) en Océanie. — *Impôt personnel et de capitation ;* il existe au Sénégal Mayotte, Nossi-Bé, Réunion, Tahïti, Cochinchine. — Taxes spéciales sur les étrangers en Cochinchine, Nossi-Bé et la Réunion. — Contribution mobilière aux Antilles et en Océanie. *Impôt des patentes* ; il existe partout. *Taxes assimilées.* — Taxes sur les boutres arabes à Djibouti, sur les voitures à la Réunion et dans l'Inde. — Taxes sur les biens de main-morte à la Réunion et à la Martinique. Redevances sur les mines à la Guyanne et à la Nouvelle-Calédonie. Droits de vérification des poids et mesures, là où existe le système décimal. Impôt sur les barques de rivières, en Cochinchine. *Impôt sur les valeurs mobilières,* à la Martinique et à la Guadeloupe. *Impôt des prestations.* —

pour constater combien sont différemment conçues les taxes et combien diverses sont leurs quotités. Aux colonies, en effet, à la différence des contributions directes de la Métropole tous les impôts directs sont de quotité, à l'exception de l'impôt foncier établi à Karikal qui est de répartition.

L'étude spéciale de chaque sorte d'impôts établis dans les colonies étant laissée de côté, il convient de montrer quels sont au moins les caractères généraux de ces taxes.

La première remarque qui attire l'attention, c'est que, malgré la diversité des taxes, on peut observer que le système fiscal, déterminé par les conseils généraux ou fixé par les gouverneurs, quelle que soit la différence de civilisation de nos colonies, est, en principe, très visiblement imité, dans ses grandes lignes, du système métropolitain.

Cette situation est très compréhensible. En effet, dans les pays où nous avons apporté notre génie national avec les tendances de notre esprit latin, l'on conçoit que les conseils élus dont les membres sont quelquefois de souche française ou sont imbus d'un esprit d'imitation très prononcé, aient immédiatement songé à copier le système métropolitain, adapté dans

En Océanie. Il y a aux colonies des *droits d'enregistrement*, de *timbre*, *d'hypothèques*, de *greffe*, des *impôts de consommation* sur les produits fabriqués ou importés, des droits de licence (Antille, Réunion, Cochinchine, Nouvelle-Calédonie), des impôts de consommation sur l'opium, le tabac, des taxes de navigation, des monopoles (postes, etc.).

ses détails au pays auquel il doit s'appliquer. D'un autre côté, les fonctionnaires qu'envoie la métropole dans ses colonies, nourris des idées d'assimilation qui forment le fond de notre législation coloniale, sont fatalement enclins à reproduire le système métropolitain.

On ne saurait considérer comme véritablement originaux les droits qui, dans certaines colonies (1) frappent les produits de certaines terres et qui remplacent ainsi l'impôt foncier qui n'existe pas dans ces établissements, où aucun cadastre n'a été établi. L'inconvénient que présente cette absence de cadastre et qui fait abandonner, non sans avantage, l'impôt foncier pour un droit de sortie sur le produit des terres qui en seraient frappées, ne se fait sentir que dans les pays déjà mis en valeur, car, pour les grands territoires de l'Afrique non encore cultivés, où des concessions étendues ont été données à des sociétés, on a pu se contenter, comme au Congo français de taxer à tant par hectare.

Ces formes d'impôt ne présentent pas un caractère exclusif qui puisse les faire prendre pour des impôts absolument coloniaux. Ils trouvent leurs analogues en France. On relève, il est vrai, comme impôts ne figurant pas au budget de l'Etat des taxes sur des produits spéciaux tels que l'opium soumis en France à des règles tout-à-fait particulières.

Quant à l'impôt personnel spécial aux étrangers,

(1) Voir plus haut.

en vigueur à la Réunion et en Indo-Chine, il repose sur une organisation sociale qu'on ne rencontre que là, il ne saurait être généralisé. En dehors de ces colonies, et n'aurait aucune chance de s'adapter aux besoins, il ne tarderait pas à disparaître s'il prenait fantaisie à un conseil général ou à un gouverneur de l'instituer. Le régime fiscal tel qu'on peut l'examiner à la suite des budgets locaux n'a donc pas un impôt qui lui soit propre. C'est le trait caractéristique des impôts perçus dans les colonies françaises aussi bien dans les anciennes dotées d'assemblées élues et celles qui ont été assimilées, que dans les possessions plus récentes où les habitants, non civilisés, ne pourraient prendre part à la gestion des intérêts financiers de la colonie.

On peut observer aux colonies, surtout dans les possessions nouvelles, une tendance marquée à l'emploi des taxes de consommation, très en honneur dans les colonies anglaises. Elles ont, en effet, bien des avantages ; le plus important, en pareille matière, est leur productivité bien supérieure à celle des taxes directes, avantage qu'elles partagent d'ailleurs avec toutes les contributions indirectes. L'expérience a démontré en effet, que les impôts indirects sont de beaucoup plus productifs et que le rendement de toute taxe augmente en raison de sa modicité. Portant sur des objets variés, leurs taux unitaires peuvent être modiques, et partant leurs produits abondants. Aux colonies elles sont, à quelques exceptions près, explicables d'ailleurs, les taxes locales qui rendent le plus. Ainsi elles produisent :

Martinique	1.567.800
Guadeloupe	1.820.000
Guyane	893.000
Saint-Pierre et Miquelon	50.000
Nouvelle-Calédonie	1.101.000
Taïti et Mocca	40.000
Réunion	1.450.000
Sénégal	810.000
Guinée	700.000
Côte d'Ivoire	1.115.000
Dahomey	1.740.000
Congo	185.000
Côte Somalis	100.000
Madagascar	1.800.000

Un tableau exposé ci-après (v. Douanes) montrera la place que les taxes de consommation tiennent dans le budget local des recettes ; on verra qu'elles sont surtout productives, toutes proportions gardées, dans les jeunes colonies où elles fonctionnent normalement, Guinée, Côte d'Ivoire, Dahomey, Madagascar.

Elles se recommandent en outre à un autre titre. Ces contributions suivent exactement les variations de la situation économique de la colonie, augmentant quand elle est prospère, diminuant en même temps que le mouvement commercial devient moins intense.

Elles sont l'image exacte du développement économique du pays. A l'encontre de certaines autres, elles ne retardent pas la mise en valeur du sol ; enfin, supériorité qui n'est pas à dédaigner, elles présentent de grandes commodités de perception, commodité quant aux matières qu'elles frappent et que leur nom indique, commodité parce que leur recouvrement est facile et ne nécessite que peu de poursuites. Ce sont des contributions quérables par l'administration et par conséquent nullement vexatoires. Il paraît donc y avoir un grand intérêt à adopter ces taxes de consommation. C'est ce que n'ont pas manqué de faire les colonies anglaises où les taxes de cette nature forment une des principales contributions ainsi qu'il ressort de l'examen des *Blue Book* adressés par les colonies au Colonial Office.

Elles présentent cependant aux yeux de certains un grave danger. Elles doivent, pour être avantageuses, ne pas perdre leur caractère fiscal pour devenir une arme de protection. Ceci n'est pas une question de mots. L'intention du pouvoir qui établit ces taxes n'est pas à négliger. Quand elles doivent avoir un caractère fiscal, il sera de l'intérêt du conseil général ou du gouverneur de les abaisser suffisamment pour développer la consommation des produits taxés. L'expérience indique que pour toutes les taxes analogues le rendement de l'impôt augmente en général en raison de sa modicité. Au contraire, pour lui donner un caractère protecteur on devra s'efforcer d'élever suffisamment le taux pour restreindre la consommation des produits étrangers taxés. Dans ces conditions, il sera loisible aux autorités compétentes de surtaxer les matières nuisibles telles que l'alcool et autres, dont elles désireraient réduire le plus possible la consommation.

Il y a là, en résumé, pour les pays neufs, la base d'un système fiscal à adopter ; cette taxe a donné d'excellents résultats, elle en produira d'autres à l'avenir, à condition toutefois, de conserver strictement, pour être productive, son caractère fiscal, c'est-à-dire en ayant un o/o minime et en ne devenant ni protectrice ni prohibitive.

Enfin, elles soulèvent aux colonies moins de critiques que sur le continent. Attaquées par bon nombre d'économistes dans la métropole au nom de l'équité, au nom de l'humanité, car elles frappent en général les matières nécessaires à l'existence, elles paraissent avoir trouvé grâce devant eux aux colonies où la vie est plus large, où les travailleurs indigènes vivent de rien, et où elles n'atteignent donc que les contribuables susceptibles de les acquitter.

B. *Droits de douane.* — Dans l'énumération de l'art. 42 du décret du 20 Nov. 1882 figurent, en deuxième ligne, comme recettes du budget local, les droits de douane.

Actuellement ils sont perçus dans les conditionsde la loi du 11 Janv. 1892, conditions qui ne sont pas les mêmes pour toutes les colonies. Cette loi consacre ses articles 3, 4, 5, 6, 7 et 8 au régime douanier des colonies françaises qu'elle divise en deux groupes (art. 3) — l'un où la loi est applicable tant à l'entrée en France qu'à l'importation aux colonies et qui comprend : la Martinique, la Guadeloupe, la Guyane, Saint-Pierre et Miquelon, le Gabon (1), la Réunion, Mayotte, l'Indo-Chine et la Nouvelle Calédonie ; — l'autre, où la loi du 11 Janvier 1892 n'est pas applicable, c'est-à-dire les colonies de la côte occidentale d'Afrique sauf le Gabon, Tahïti, les établissements français dans l'Inde, la Côte française des Somalis (2), Diégo-Suarez et Sainte-Marie de Madagascar.

Les colonies de cette deuxième catégorie sont celles où des conventions internationales ne permettent pas l'établissement d'un tarif différentiel comme la Côte d'Ivoire, le Dahomey (convention frànco-anglaise du 14 juin 1898) et le Congo français bassin conventionnel et territoires visés dans la déclaration additionnelle de la convention du 14 juin 1898 et qui porte la date du 21 mars 1899.

L'accord entre la France et la Grande-Bretagne, signé à Paris le 14 juin 1898, fixe la délimitation des possessions françaises de la Côte d'Ivoire, du Soudan (3), du Dahomey, des colonies britanniques de

(1) C'est-à-dire la partie de la colonie du Congo français qui s'étend entre le Camerounn et le degré de latitude nord 2°30' (lagune de Setté Cama)

(2) Autrefois Obock et dépendances.

(3) Disloqué en tant que colonie, les territoires le composant ont été rattachés au Sénégal, à la Guinée, à la Côte d'Ivoire, au Dahomey. Décret du 17 octobre 1899.

la Côte d'Or et de Lagos, des autres possessions anglaises à l'ouest du Niger ainsi que des possessions françaises et britanniques et des sphères d'influence de ces deux pays à l'est du Niger, spécifie en son art. 9 que : « à l'intérieur des limites tracées sur « la carte n° 2, annexée au présent protocole, les « citoyens et protégés français, les sujets britan- « niques et les citoyens britanniques, pour leurs « biens, les marchandises et produits manufacturés « de la France et de la Grande-Bretagne, de leurs co- « lonies, possessions et protectorats respectifs, joui- « ront, pendant trente années à partir de l'échange « de la notification de la convention mentionnée à « l'art. 5, du même traitement pour tout ce qui con- « cerne la navigation fluviale, le commerce, le ré- « gime douanier et fiscal et les taxes de toute na- « ture.

« Sous cette réserve, chacune des deux puis- « sances conservera la liberté de régler sur son ter- « ritoire et à sa convenance le régime douanier et « fiscal et les taxes de toute nature.

« Dans le cas où aucune des puissances contrac- « tantes n'aurait notifié douze mois avant l'échéance « du terme précité son intention de faire cesser les « effets du présent article, il continuera à être obli- « gatoire jusqu'à l'expiration d'une année à partir du « jour où l'une ou l'autre des puissances contrac- « tantes l'aura dénoncé. »

C'est l'impossibilité absolue pour le Dahomey, colonie visée plus spécialement dans cet accord, d'établir, comme au Sénégal, par exemple, des surtaxes sur les marchandises étrangères, aussi n'y a-t-il pas à proprement parler de régime douanier au Dahomey, le gouverneur s'étant contenté d'établir par un arrêté local du 22 décembre 1897 une taxe de consommation modérée dans un but fiscal, but d'ailleurs atteint. A la Côte d'Ivoire l'arrêt local fixant la taxe de consommation à laquelle sont soumises les marchandises de toute origine et de toute provenance est du 19 juin 1899.

De même, pour certains territoires du Congo français, la déclaration additionnelle du 21 mars 1899 à la convention franco-anglaise du 14 juin 1898 contient l'engagement réciproque de la part des deux puissances de faire bénéficier pendant trente années leurs citoyens sujets et protégés du même traitement pour leurs personnes et leurs biens. C'est ce que déclare l'art. 4 *in fine* de cette déclaration :

« Il est convenu que les dispositions de l'art. 9 de « la Convention du 14 juin 1898 s'appliqueront égale- « ment aux territoires situés au sud du 14°20′ de lati- « tude Nord et au Nord du 5° latitude Nord entre le « 14°20′ longitude Est Greenwich (12° Est Paris) et le « cours du Haut-Nil ». De plus, dans ce qu'on a appelé, par opposition au Gabon (voir plus haut) le bassin conventionnel du Congo, zône neutre, définie par l'acte général de Berlin du 5 février 1885, un protocole signé à Lisbonne par les représentants de la France, du Portugal et de l'Etat indépendant du Congo, le 8 avril 1892, en exécution de l'article 99 de l'acte général de Bruxelles du 2 juillet 1890, a fixé les droits à percevoir à l'entrée et à la sortie pour une période de dix ans.

Le législateur de 1892 avait donc sagement agi en laissant, en dehors de la loi du 11 janvier, les colonies au sujet desquelles de semblables actes diplomatiques pouvaient être passés.

D'autres motifs l'ont guidé en ce qui concerne nos établissements d'Océanie de Nossi-Bé, de Sainte-Marie, de Madagascar. Ici le trafic était trop peu important pour qu'il y ait intérêt à le soumettre à la règle commune.

Enfin de graves difficultés s'opposaient et s'opposent encore à ce que des barrières douanières soient établies dans nos possessions de l'Inde, territoires, loges enclavées de toutes parts dans les possessions anglaises de l'Indoustan.

Les marchandises provenant de ces colonies du deuxième groupe ne sont pas admises à revendiquer à l'entrée en France, le bénéfice de l'application des tarifs du tableau E (régime le plus favorable. Il faut en excepter (art. 3 § 2) les guinées provenant des Etablissements français de l'Inde.

La loi du 11 janvier 1892 permet, en outre, d'accorder des exemptions et des détaxes à d'autres produits originaires ou fabriqués provenant de ces établissements suivant la nomenclature qui sera arrêtée, pour chacun d'eux, par décrets en Conseil d'Etat. Quant aux produits de même origine que ci-dessus qui ne seront admis à leur entrée en France au bénéfice d'aucune exemption ou détaxe, ils seront soumis aux droits du tarif minimum (art. 3 § 2). La loi du 11 janvier 1892 établissait en effet dans le nouveau régime douanier un tarif général et un tarif minimum (art. 1). Ce dernier ne pourra être appliqué qu'aux marchandises originaires des pays qui feront bénéficier les marchandises françaises d'avantages corrélatifs et qui leur appliqueront les tarifs les plus réduits. Donnant, donnant. Le tarif général ou maximum s'applique aux marchandises provenant de tout pays avec lequel n'a pas été conclu d'arrangement commercial. Les colonies du second groupe sont traitées comme le sont les nations les plus favorisées jouissant du tarif le plus réduit.

Dans les colonies autres que celles énumérées au § 2 de l'art. 3 les produits étrangers qui y sont importés sont soumis aux mêmes droits que s'ils entraient en France (§ 3). Une exception peut être faite à cette règle. Des décrets en forme de réglements d'administration publique rendus sur la proposition du Ministre des Colonies et après avis des Conseils généraux ou d'administration peuvent déterminer certains articles qui seraient dans ce cas soumis à une tarification spéciale. De plus, ces conseils peuvent prendre des délibérations pour demander des exceptions au tarif métropolitain. Ces délibérations devront être homologuées par décret rendu en la forme des réglements d'administration publique (art. 4).

Quant aux produits originaires d'une colonie française, qui seront importés dans une autre colonie française, ils seront exempts de tous droits de douane. Lorsqu'un produit étranger importé dans une colonie française sera réexporté dans une autre, il ne paiera dans cette dernière que la différence entre les droits du tarif local et ceux du tarif de la colonie d'exportation.

Enfin la loi de 1892 classe parmi les dépenses obligatoires les dépenses du service des douanes (Personnel et Matériel).

Cette législation relativement récente a donné, au point de vue fiscal, seul côté où elle est ici envisagée, des résultats appréciables. Aussi il est intéressant de montrer la place que, dans les diverses budgets locaux des Colonies, tiennent les ressources purement douanières. Le tableau ci-après fera ressortir que, dans nos diverses possessions, les taxes de consommation jointes aux droits de douanes en question, alimentent pour la plus forte part, les budgets locaux. Les droits de douane sont cependant en général inférieures aux taxes de consommation. Etant donnés les produits auxquels ils s'appliquent il est compréhensible que leur productivité soit moindre dans la plupart des cas. C'est donc une supériorité des premiers sur les seconds.

ÉTAT présentant le produit des Taxes de consommation et des droits de douane dans les biens locaux des recettes

COLONIES	Total général du Budget des Recettes (Exercice 1900)	Produit des Taxes de consommation	Produit des droits de douane	OBSERVATIONS
Martinique	5.729.793 00	1.567.800	1.402 000	
Guadeloupe	4.968 324 30	1.820.000	960.000	
Guyane	2.498.439 62	893.000	317.000	
Saint-Pierre et Miq. (1)	475.707 67	50.000	178.000	(1) Dans cette colonie, les droits de douane donnent un produit plus élevé que les taxes de consommation, la situation de cette possession suffit à expliquer la raison de ce phénomène.
Nouvelle Calédonie	3.407.876 71	1.101.000	370.000	
Tahiti et Moorea (*) (2)	670 730 00	40.000	150.000	
Tuamotu (*)	363.1[illegible]9 00	3.705	115.000	
Marquises (*)	119.826 00	740	21.500	(2) Toutes ces iles sont peu peuplées, ce qui explique que dans ces archipels, la proportion est renversée au profit des droits de douane.
Gambier, Tubuai, Okapa et Raivavae (*)	34.101 00	555	18.500	
Iles s. le Vent (*)	71.160 00	600	20.500	
Sénégal (3)	4.454.611 00	810.000	2.210.000	(3) Les marchandises étrangères sont surtaxées à 7 0/0.
Guinée	2.870.000 00	700.000	557.000	

(*) Décret du 10 août 1899.

COLONIES	Total général du Budget des Recettes (Exercice 1900)	Produit des Taxes de consommation	Produit des droits de douane	OBSERVATIONS
Côte d'Ivoire.........	1.403.000 00	1.115 000	190.000	(4) Les taxes de consommation ne sont applicables que dans la région non comprise dans le bassin conventionnel. Elles sont perçues à l'entrée. Subvent. métrop. : 2.428.000. (5) Subvent. métrop. : 300.000. (6) Subvent. métrop. : 1.800.000, égale au rendement des taxes de consommation. C'est après la taxe personnelle, la principalere cette locale. (7) Ces taxes sont perçues à l'entrée sur les seuls spiritueux ; donc, ne peuvent produire beaucoup. (8) Les douanes et régies portent sur les objets de consommation courante, enlèvent ainsi toute production aux droits de consommation. (9) Les cinq budgets locaux sont alimentés par les consommations directes seules : aux termes du décret du 31 juillet 1898. (10) Le budget général alimenté par toutes les consommations indirectes.
Dahomey............	2.200.000 00	1.740.000		
Congo (ex. 1899) (4)...	3 831.000 00	185.000	925.000	
Côte française des Somalis (5)...........	581.500 00	100.000		
Madagascar (6).......	13.772.000 00	1.800.000	750.000	
La Réunion..........	5.425.300 00	1.450.000	280.000	
Inde (7)..............	1.135 678 roupies	12.090 roupies		
Indo-Chine (Budget général (8)...........	20.803.000 SCHELLING	990 000 schelling	5.000 000 schelling	
Cochinchine..........	4.439.500 SCHELLING			
Annam (9)............	2.120.016 SCHELLING			
Tonkin...............	4.072.200 SCHELLING			
Cambodge (10).......	2.315.587 SCHELLING			
Laos.................	739.000 SCHELLING			

Les droits de sortie, les droits d'octroi de mer ne sont pas compris dans ce tableau.

L'état ci-dessus permet de constater l'importance que présentent au point de vue des recettes locales les taxes de consommation. Il y a donc tout avantage pour les Colonies à les instituer ; c'est ce que n'ont pas manqué de faire les gouverneurs de nos jeunes colonies de la côté occidentale d'Afrique, Guinée, Dahomey, Côte d'Ivoire, possessions dont la Commission des budgets locaux s'est plu à reconnaître la prospérité financière. Ceci suffit à montrer l'excellence de ces taxes.

C. Revenus des propriétés coloniales. — D. Produits divers dévolus au budget local.

Outre l'impôt qui est la plus importante de leurs ressources, les Colonies bénéficient encore (art. 42 du 20 novembre 1882) pour leur budget local.

§ 1. Des revenus des biens leur appartenant.

§ 2. Des produits divers dévolus au service local.

§ 1. Revenu des propriétés coloniales

Quelles sont ces propriétés coloniales ? L'art. 537 du C. C. qui distingue les biens appartenant aux particuliers de ceux qui font partie soit du domaine public, soit du domaine privé de l'Etat est applicable aux Colonies.

L'on trouve aux Colonies :

Le Domaine de l'Etat ;

Le Domaine Colonial ;

Le Domaine Communal, comme il y a en France.

Le domaine de l'Etat ;

Le domaine du Département ;

Le domaine de la Commune ;

Mais la composition respective de ces trois domaines n'est pas la même qu'en France. Particularité fort importante de la domanialité coloniale, les droits de l'Etat ont été sur ce point en général abandonnés. Autrefois l'Etat possédait aux colonies un domaine assez considérable, mais la Restauration, avec son système d'autonomie financière, fit « entier abandon aux colonies des revenus locaux quelqu'en soient la nature et l'origine ». Aussi l'ordonnance du 17 Août 1825 (1) sur la constitution du domaine colonial décida que :

« Les établissements publics de toute nature et
« les propriétés domaniales existant dans nos diverses
« colonies leur seront remis en toute propriété, à la
« charge de les réparer, de les entretenir et de n'en
« disposer que sur notre autorisation. »

Etaient réservés (a. 4) les bâtiments militaires à l'exception des hôpitaux, les fortifications, les batteries-forts et autres ouvrages qui sont ainsi restés propriété de l'Etat. Ces textes ont conduit de nombreux auteurs à admettre qu'en dehors du domaine militaire et du domaine pénitentiaire, le domaine de l'Etat n'existe pas aux colonies. Tout le domaine

(1) B. O. M. ref. 1, p. 325.

public ou privé est *colonial* ou *local* et non pas *national*, sauf les exceptions indiquées ci-dessus à l'article 4 de l'ordonnance du 17 Août 1825, ou prévus par les décrets constitutifs du domaine pénitentiaire. Et cette interprétation a été longtemps admise par la presque unanimité des auteurs, non seulement pour les colonies restituées à la France en 1815, mais encore pour celles acquises postérieurement à l'ordonnance de 1825, le législateur s'étant inspiré pour ces dernières des actes organiques des anciennes colonies. D'ailleurs, l'inventaire général des propriétés de l'Etat dressé en 1876 ne fait nullement mention des biens situés aux colonies. (En ce sens, voir Girault, prin- cipes de colonisation et de législation coloniale. Conseil d'Etat, 21 Mai 1886 (1).

Une autre doctrine s'est manifestée il y a quelque quinze ans et a été soutenue par M. Dislère (2), qui lui a ainsi prêté l'appui de son autorité. Elle prétend que les propriétés domaniales, que l'Etat a entendu céder en 1825, sont simplement les propriétés rurales ; et ce qui prouve bien que telle était sa pensée c'est une disposition relative aux noirs et objets mobiliers qui ne se trouvait que là. Mais les cours d'eau, les bois et forêts, les terrains sans maîtres, les biens vacants, devraient faire partie, aux colonies, du domaine de l'Etat. C'est grâce à une interprétation abu-

(1) Recueil Macarel, 1886, p. 428.

(2) Traité de législation coloniale, n° 884. Dans le même sens, Ed. Petit,

sive du texte de l'ordonnance de 1825 et à la faiblesse des agents chargés de défendre les intérêts de la métropole que les Colonies ont accaparé la totalité des domaines. De plus, d'après cette opinion, les auteurs des ordonnances de 1825 (26 Janvier et 17 Août) n'avaient pas le droit de consentir un abandon même restreint du domaine en présence de la loi du 22 Nov.-1er Déc. 1790, portant que les biens domaniaux ne pouvaient être aliénés qu'en vertu d'une loi.

Enfin, une troisième opinion a été soutenue à ce sujet (1). Trois solutions ont été proposées pour la question du domaine aux Colonies :

1°) Les ordonnances de 1825 n'ont pu aliéner le domaine de l'Etat étant dépourvues du caractère législatif exigé par la loi de 1790 qui portait que les biens domaniaux ne peuvent être aliénés qu'en vertu d'une loi ;

2°) Les ordonnances de 1825 sont valables, mais elles s'appliquent uniquement aux habitations domainiales et non aux terres vacantes ;

3°) Les ordonnances de 1825 ont attribué aux Colonies l'ensemble du domaine privé de l'Etat.

L'auteur rejette la première opinion. Il ne se prononce pas entre les deux autres qui lui paraissent également soutenables ; mais il remarque que le but poursuivi en revendiquant pour l'Etat la propriété des terres vacantes, est d'en surveiller l'emploi. En

(1) Demartial, sous-chef de bureau au Ministère des Colonies. — La question du Domaine aux Colonies.

fait, l'on a toujours agi comme si les Colonies étaient légitimes propriétaires de leur domaine ; d'autre part, l'Etat tient du Sénatus-Consulte de 1854, le droit de légiférer en matière domaniale. Il peut imposer, par décret, même dans les Colonies possédant un conseil général, telles règles directrices qu'il lui plaira. Dès lors, il n'y a pas lieu de soulever la question de propriété, mais celle de contrôle. Ce qu'il faut réformer, ce ne sont pas les ordonnances de 1825 qui laissaient ce pouvoir de surveillance, mais les actes qui, depuis, ont permis aux conseils généraux de disposer du domaine comme ils l'entendaient. C'est par une modification des attributions des assemblées locales que la question pourra être solutionnée. C'est ce que M. André Lebon avait fait à l'égard du conseil général de la Guyanne (décret 15 novembre 1898).

Suivant qu'on se rallie à l'une ou à l'autre des interprétations ci-dessus des dispositions des ordonnance des 26 janvier et 17 août 1825, on fait bénéficier la colonie d'une plus ou moins grande part des revenus des propriétés coloniales, celles-ci étant plus ou moins étendues selon l'opinion adoptée. Cependant, les fruits du domaine public de l'Etat aux Colonies peuvent, dans certains cas, être laissés au service local. A la Réunion, par exemple, un décret colonial du 5 août 1839 attribue aux finances locales les redevances dues pour occupation des terrains situés sur les 50 pas géométriques (1). Au Congo

(1) On appelle ainsi un espace qui, depuis nos premiers

français, le décret du 28 mars 1899 attribue (art. 2) les produits domaniaux au budget local avec une affectation spéciale. De même au Sénégal, décret du 20 juillet 1900 sur le régime des terres domaniales (art. 2) ; au Dahomey, décret du 5 août 1900 (art. 2) ; à la Côte-d'Ivoire, décret du 30 août 1900 (art. 2).

D. — *Produits divers dévolus au budget local*

Quant aux produits divers dévolus au budget local leur nom indique que, trop différents les uns des autres, n'ayant entre eux aucun lien qui peut se permettre de les grouper dans un ordre logique, ils ont été compris sous une appellation forcément vague. Il suffit d'ouvrir un budget de recettes quelconque pour remarquer immédiatement que les revenus les plus dissemblables figurent à ce titre. Il en est cependant qui, pour modeste que soit leur quotité, prennent généralement place dans les « produits divers » ce sont : des recettes provenant de la vente du matériel réformé appartenant à l'Etat (décret du 20 novembre 1882). Or, le décret sur la

établissements, a toujours été réservé sur le pourtour des îles et qui prend du bord de la terre franche, c'est-à dire de l'endroit où commence à pousser herbes et arbrisseaux, où le flot de la mer ne monte plus et où finissent les lais et relais de la mer. Ces 50 pas (autrefois nommés pas du roi) sont comptés à raison de 1 m. 62 et ont une largeur de 81 m. 200 ; ils se trouvent bornés du côté de la mer par le domaine public maritime et, d'autre part, par les propriétés privées situées dans le circuit de la colonie.

comptabilité publique du 31 mai 1862, spécifie que la vente du matériel de l'Etat, réformé ou condamné, doit être faite avec le concours des préposés des domaines et dans les formes prescrites. Dans ce sens une circulaire du 27 octoble 1892 (1) indique que le Ministre des finances a assuré au département des Colonies, dans les circonstances où il sera utile, le concours de l'Administration des Domaines. Cette circulaire donne également les mesures arrêtées pour la réalisation des ventes et l'encaissement de leur produit.

E. — *Subventions*

La Métropole a montré sa sollicitude à l'égard des colonies en admettant que des subventions peuvent leur être accordées lorsque leurs finances ne seraient pas prospères. Le principe de ces subventions a été fixé dans le Sénatus-Consulte du 3 mai 1854, article 15, qui stipule que : « les colonies dont les ressources « contributives seront reconnues insuffisantes pour « subvenir à leurs dépenses locales pourront recevoir « une subvention sur le budget de l'Etat. »

« Cette subvention sera réglée quant à sa quotité par la loi annuelle des finances. »

La possibilité de l'aide apportée par la Métropole à ses colonies par l'octroi de subventions se retrouve dans le Sénatus-Consulte du 4 juillet 1866. « Des subventions peuvent être accordées aux colonies éga-

(1) B. O. C., 1892, — 718.

lement réglées par la loi annuelle des finances. » Les deux textes prévoient par contre que des contingents pourront être de même imposés aux colonies dont les facultés contributives seront reconnues supérieures aux dépenses locales. D'aucuns ont pensé qu'il pouvait paraître singulier d'accorder à une colonie quelconque une subvention alorsque cette même colonie serait tenue de payer à l'Etat, un contingent donné. Il serait plus simple, a t-on dit, de réduire du montant du contingent la subvention accordée que donner d'un côté et retirer de l'autre, une partie de la somme octroyée. Il est bien certain, en fait, que dans une telle colonie, la totalité de la subvention ne serait pas déléguée au gouverneur qui, de son côté, ne mettrait pas à la disposition du Ministre des finances, le contingent imposé ; en pareille occurence il y aurait compensation, la différence se réglerait par un jeu d'écritures dans les livres des administrateurs et des comptables.

Malgré l'apparence illogique de cette situation ainsi présentée, il y a cependant intérêt à maintenir en droit le double principe de la subvention et du contingent tant que les colonies ne seront pas arrivées au « *Self supportung* » ; Depuis la loi de finances de 1893 qui a imposé aux colonies une participation aux charges générales de l'Etat il est impossible qu'il en soit autrement. Cette loi n'eüt pas contenu cette disposition qu'il eût été bon de garder, à côte de la subvention allouée par la métropole, un contingent d'un chiffre si modique soit-il qui puisse être une affirmation certaine du devoir pour toutes les divisions administratives du pays de concourir dans la mesure de leurs moyens, même modestes, aux charges générales de l'Etat. Ces contingents vont d'ailleurs disparaître avec l'application de la loi du 13 avril 1900. Ces subventions sont acquises une fois pour toutes par les Colonies bénéficiaires. Elles présentent le caractère des dons gratuits, les sommes ainsi allouées ne font jamais retour dans les caisses de l'Etat.

En Angleterre les subventions peu nombreuses d'ailleurs, qui sont allouées aux colonies ne sont que des avances remboursables par elles lorsque le permettra une situation financière meilleure.

La conception françaises des subventions est évidemment plus généreuse ; mais la manière dont les Anglais les ont comprises semble, a priori, préférable, et pour la métropole qui paie, et pour la colonie qui reçoit. La métropole ainsi rentre dans ses déboursés et la colonie, sachant qu'elle n'a bénéficié que d'un prêt à titre remboursable, aura intérêt à gérer avec la plus stricte économie ses finances, pour être en mesure d'amortir sa dette à bref délai. Cette manière de voir n'a pas prévalu en France. Le Parlement d'ailleurs se montre de moins en moins enclin à accorder aux services locaux des subventions qui, lorsqu'elles sont maintenues par les Chambres, diminuent d'année en année. Leur contrôle, et il faut s'en féliciter, devient de plus en plus sévère. Il faut, en effet, que ces crédits, pris sur le Trésor public, payés par les contribuables métropolitains, ne soient pas une prime à la mauvaise administration financière d'une colonie. Ils ne doivent être que très exceptionnellement accordés, par exemple pour des débuts difficiles, à des époques de crises graves, à l'occasion de sinistres. Les pouvoirs publics sont déjà entrés dans cette voie ; au budget Colonial de 1900 ne figurent, à ce titre, que les allocations suivantes :

Ch. 22. — Subvention à la Colonie du Congo français : 2,078,000 fr. ; (en 1899 les chambres avaient accordé 2,428,000 fr.).

Ch. 23. — Subvention à la colonie de Madagascar, 1,700,000 fr. ; (en 1899, 1,800,000).

Ch. 24. — Subventions aux divers budgets locaux, 393,000 fr. ; somme qui se décompose ainsi :

Subvention à Tahïti : 80,000 fr.

— à la Côte française des Somalis : 300,000 fr. (pendant longtemps elle a été de 450,000 fr.).

— à Mayotte : 13,000 fr.

En ce qui concerne les budgets annexes cependant, l'on ne rencontre guère de diminution, ce qui se justifie par ce fait qu'il s'agit, en l'espèce, d'entreprises l'une a achever, l'autre à soutenir dans un double but politique et économique.

Au ch. 25 du budget colonial est prévue comme subvention au chemin de fer du Soudan une somme de 668,000 fr. (même allocation en 1899).

Au Ch. 26. — Subvention au chemin de fer et au Port de la Réunion 2,508,500 fr. (même prévision en 1899).

Les crédits ci-dessus ne sont pas très importants, il fut une époque où le chiffre des subventions était plus élevé. Néanmoins il y aura avantage à classer les subventions parmi les recettes extraordinaires des colonies et non parmi les recettes ordinaires. Il ne s'agit pas seulement ici d'une simple question de classification ; le passage des subventions dans les recettes extraordinaires indiquerait clairement le caractère exceptionnel qu'elles doivent revêtir, au même titre d'ailleurs que les emprunts. Elles ne sont en somme que des emprunts déguisés qui en France du moins ont cette supériorité de n'être pas remboursables (1).

§ II. — *Recettes extraordinaires*

Les recettes extraordinaires sont (a 51. D. 20 Nov. 1882).

Les contributions extraordinaires.

Les prélèvement sur la caisse de réserve.

Le produits emprunts et autres ressources extraordinaires spécialement affectées à des travaux ou entreprises d'utilité publique.

A. *Contributions locales extraordinaires.* — Elles sont autorisées, votées, approuvées et perçues dans les

(1) En Angleterre au budget des dépenses civiles du Colonial Office on ne découvre que très peu de subventions ; par contre les colonies Anglaises ont recours très souvent aux emprunts qu'elles contractent d'une façon spéciale (V. Appendice).

mêmes formes, par les mêmes autorités et les mêmes conditions que les contributions ordinaires (a 52). Elles ont ce caractère spécial de n'être pas permanantes comme les autres, elles naissent avec une occasion et s'évanouissent avec elle ; en un mot elles ne se représentent pas réguliérement à chaque exercice comme les taxes ordinaires.

Les règles qui s'appliquent à ces dernières les concernent aussi. Il semble donc inutile de les répéter à nouveau dans ce chapitre (v. plus haut ch 2),

B. *Prélèvements sur la caisse de réserve.* — Afin de subvenir aux insuffisances des recettes qui pourraient se produire « les excédents que le réglement de « chaque exercic fait ressortir sur les produits du ser- « vice local servent à former un fonds de réserve et « de prévoyance. » Le versement des excédents à la Caisse de réserve est obligatoire jusqu'à ce que cette caisse ait atteint un certain maximum qui a été fixé pour la première fois par le décret du 26 Septembre 1855 (1). Cette fixation a été faite de

(1) L'art. 98 du D. du 26 Septembre 1855 fixe ainsi le maximum du fonds de prévoyance :

Martinique	1.500.000
Guadeloupe	1.500.000
Réunion	1.500.000
Guyane	1.000.000
Sénégal	800.000
Gorée et dépendances	500.000
Saint-Pierre et Miquelon	400.000
Sainte-Marie de Madagascar	300.000
Mayotte	400.000
Océanie	800.000
Inde	1.000.000

manière à ce que les colonies, si les circonstances sont favorables, si leur administration financière est bien conduite, puissent se constituer un fonds de prévoyance suffisant pour pouvoir d'abord aux premiers paiements du service local au moment où les recettes sont encore peu importantes, et suffisent surtout pour « faire face aux dépenses extraor- « dinaires que peuvent nécessiter des évènements « imprévus. » Pour maintenir à un chiffre convenable l'avoir des fonds de reserve, il importait essentiellement qu'ils ne fussent affectés qu'aux besoins véritables du service budgétaire de la colonie en vue desquels ils ont été créés et qu'ils ne servissent pas à subventionner des entreprises d'intérêt privé. « Aussi ne peut-il être fait emploi des fonds de réserve qu'en rentes sur l'Etat ou en valeurs du Trésor exclusivement ». Tous prêts à des particuliers ou à des établissements publics sur le fonds de réserve ont-ils été interdits par les décrets du 26 septembre 1855 et du 20 novembre 1882 (a. 100). Il est facile de comprendre que ces dispositions n'ont été édictées que parce que les fonds de quelques colonies avaient été entamées par des avances à des particuliers ou à des établissements publics et qui n'ont pu être remboursées ou ne l'ont été qu'imparfaitement. Le rapporteur à la Chambre de la loi de 1841 faisait sans doute allusion à de semblables pratiques lorsqu'il écrivait qu' « en peu de temps la « caisse de réserve de la Martinique a été épuisée, « celles de la Guadeloupe et de Bourbon décroissent ra-

« pidement ». L'interdiction de l'art. 100 est d'autant plus justifiée qu'elle permettra aux gouverneurs de refuser catégoriquement toutes demandes de subventions sur la caisse de réserve, formulées par des particuliers ou des établissements publics ; il eut été toujours possible d'arguer dans de telles sollicitations de considérations souvent illusoires d'intérêt public et de prospérité générale pour la colonie.

Le décret du 20 novembre 1882 reproduisit les réserves du décret du 26 septembre 1855, il ne changea, à ce sujet, qu'une chose, le maximum de l'avoir possible des caisses de réserve qu'il a fixé ainsi :

Martinique..................	1.500.000
Guadeloupe..................	1.500.000
Réunion.....................	1.500.000
Guyane......................	1.000.000
Sénégal et dependances.......	1.300.000
Gabon.......................	500.000
Saint-Pierre et Miquelon......	400.000
Ste-Marie de Madagascar......	100.000
Nossi-Bé....................	200.000
Mayotte.....................	200.000
Tahïti......................	400.000
Nouvelle-Calédonie...........	400.000
Inde........................	1.000.000
Cochinchine.................	9.000.000

En fait, au 1er juillet 1900, l'avoir des fonds de réserves atteignaient les sommes ci-après :

Martinique	46.625f 12
Guadeloupe	424.958 02
Réunion	376.395 64
Guyane	775.938 28
Sénégal (Maximum)	1.300.000
Congo	Néant.
Saint-Pierre et Miquelon	67.012 54
Océanie	67.230 35
Iles sous le Vent	10.274 66
Nouvelle-Calédonie	68.170 90
Guinée (Pas de maximum fixé)	743.131 43
Côte d'Ivoire (Pas de maximum fixé)	30.000
Dahomey (Pas de maximum fixé)	375.000
Djibouti	Néant.
Madagascar (Maximum 5 millions. D. 10 octobre 1899)	86.000
Mayotte	5.843 35
Inde	84.791 11
Indo-Chine (Le réglement de comptes n'est pas terminé).	
Cochinchine (L'avoir n'est pas réel).	
Tonkin	1.414.923 33
(A déduire 70.000 fr. prélevés par Budget 1900).	
Annam	584.587 80
(A déduire 60,000 fr. prélevés par Budget 1900).	

Cambodge 959.497 59
(A déduire 380,000 fr. prélevés par Budget 1900).
Laos...................... Néant.

Cette institution d'un fonds de réserve et de prévoyance a été presque unanimement approuvée. D'aucuns cependant se sont demandés s'il n'y avait pas contradiction à imposer aux colonies qui reçoivent des subventions, le versement obligatoire des excédents de recettes au fonds de réserve. Dans de telles colonies, c'est la subvention qui permet d'équilibrer le budget. Il semble donc que l'excédent des recettes devrait être reversé au Trésor public en atténuation de la dépense occasionnée par la subvention. On a pu aussi faire observer qu'il vaudrait peut-être mieux n'avoir pas prévu de caisse de réserve et diminuer du montant de son avoir les dépenses de l'Etat dans ses colonies. Il est possible d'abord de répondre qu'en fait les possessions bénificiaires de subventions sont précisément celles ou l'on relève une caisse de réserve pauvre (Tahïti), complètement épuisée (Congo), ou enfin inexistante (Côte française des Somalis) ; que, par contre, les colonies où les dépenses de l Etat sont ou peuvent être nulles, les finances de cette caisse sont prospères (Sénégal, Guinée, Dahomey, Cochinchine).

Les caisses de réserve ont rendu aux colonies de grands services, elles sont appelées à en rendre beaucoup d'autres encore. Pour ne citer qu'un exemple : Lorsque le gouverneur Ballot proposa en 1894-95 au gouvernement l'occupation rapide de l'hinterland du Dahomey, au dessus du 9° degré de latitude Nord, les frais de cette occupation militaire et politique furent supportés par la caisse de réserve de la colonie bien qu'il se soit agi, en la circonstance, d'opérations intéressant autant la politique générale du pays que la colonie elle-même. Le disponible de la caisse de réserve de la colonie a donc permis à la France d'occuper avant ses rivaux l'Allemagne à l'Ouest, l'Angleterre à l'Est, les territoires situés au-dessus du 9° L. N. Ce mouvement fut très important et permit la jonction de nos possessions de l'Afrique Occidentale. Trois cent mille francs engagés en 1897 par les missions Baud, Bretonnet et Ganier ont dû être liquidés en 1898 sur ces fonds.

Les réserves formulées dans les art. 100 des D. du 26 septembre 1855 et 29 novembre 1883, suffisent pour sauvegarder l'avoir de ces caisses et empêcher le retour des faits signalés en 1841 à la tribune de la Chambre des Députés. (Rapport de M. Lacrosse sur la loi du 15 juin 1841).

Ainsi compris, ce système semble devoir aider à l'essor économique de nos colonies, les fonds de réserve peuvent être affectés à de grands travaux publics, voies de communication par exemple comme au Dahomey où le 1er tronçon du chemin de fer projeté sera payé sur les fonds de réserve. Leur placement en valeurs sûres (Rentes sur l'Etat ou valeurs du trésor exclusivement), peut rapporter à la Colonie des intérêts modiques, mais qui ne sont cependant pas à dédaigner, comme au Sénégal où le fonds de réserve atteint le maximum.

Enfin la prospérité de cette caisse montre la prospérité financière de la Colonie et peut aussi servir à asseoir et développer le crédit de la Colonie.

A tous ces titres l'institution de la caisse de réserve a été, est, et sera très utile.

C. — *Emprunts*. — Comme recettes extraordinaires des budgets locaux, le Décret du 20 nov. 1882 (a. 51) énumère les emprunts que la colonie peut contracter. C'est encore le décret du 26 septembre 1855 qui, le premier, s'occupa des règles à suivre pour leur réalisation. Précédemment, lors des emprunts d'ailleurs très rares qui ont été contractés par les colonies, l'administration avait cherché à se rapprocher autant que possible des règles suivies dans la métropole. C'est le Conseil général de la Colonie qui délibère sur les emprunts à contracter et sur les garanties pécuniaires à consentir (a. 3 du Sénatus-Consulte de 1866, dont les dispositions sont textuellement reproduites dans l'art. 53 du décret du 20 nov. 1882). Les délibérations de l'assemblée locale à ce sujet ne se suffisent pas à elles-mêmes. Elles doivent, aux termes du décret du 11 août 1866, déterminant le mode d'approbation des délibérations des Conseils généraux des Colonies encore en vigueur, être approuvées par décret rendu en la forme des règlements d'administration publique. Cette approbation est indispensable quel que soit le chiffre et le délai de remboursement de l'emprunt colonial (1). Cet acte d'autorisation doit en même temps approuver les garanties pécuniaires (ressources de garanties(consenties par le Conseil général ou d'administration, au prêteur. C'est seulement après accomplissement de cette formalité que l'on peut passer au contrat de réalisation et engager les dépenses créditées par ce moyen.

Comment se réalisent en fait les emprunts des bol ? Par émission publique ou par contrat direct avec un établissement de crédit.

La Caisse des Dépôts et Consignations a consenti des prêts aux colonies et aux conditions suivantes :

Guadeloupe. — Emprunt général de 3 millions, taux 4 o/o, remboursable en 25 ans, autorisé par décret du 21 septembre 1892.

Etablissements de l'Inde. — Emprunt de 1.167.000 francs au taux de 4 o/o, remboursable en 25 ans, autorisé par décret du 23 février 1894.

Soudan. — Emprunt de 919.645 au taux de 3,80 o/o, remboursable en 4 ans, autorisé par décret du 17 avril 1898, pour la construction du chemin de fer de Kayes au Niger.

Guinée française. — Emprunt de 8.000.000 au

(1) En France, avant 1870, les emprunts départementaux étaient toujours autorisés par une loi. Depuis 1871 (a 40, loi du 10 août 1871 *in fine*) l'autorisation légale n'est exigée que lorsque le délai de remboursement de l'emprunt est supérieur à 15 ans.

taux de 4,10 o/o, remboursable en 40 ans, autorisé par décret du 14 août 1899. (Chemin de fer de Kayes au Niger).

Congo français. — Emprunt de 2.000.000 au taux de 3,80 o/o, remboursable en 25 ans, autorisé par décret du 30 mars 1900.

La Société du Crédit Algérien a consenti à la *Martinique* un emprunt de 1.460.000 au taux de 3.50 o/o, remboursable en 25 ans, autorisé par décret du 25 août 1899.

La Guadeloupe a été autorisée à emprunter une somme de 1.200.000 fr. par décret du 17 mars 1899. Une convention avait été passée le 12 janvier précédent avec le Crédit Algérien pour la souscription de cet emprunt.

La colonie du *Sénégal* a été autorisée par décret du 21 novembre 1892 a contracter un emprunt de 5 millions remboursable en 18 ans.

Un décret du 3 août 1875 a permis à la *Nouvelle-Calédonie* d'emprunter 1.500.000 fr., somme qui était remboursable en 25 ans.

Les emprunts ci-dessus ont été autorisés conformément aux prescriptions des actes réglementaires encore en vigueur par des décrets rendus après avis du Conseil d'État. A l'aide de tous les documents qui lui sont transmis à l'appui du projet de décret à intervenir, (devis de travaux, comptes définitifs des derniers exercices) cette assemblée examine de très près la situation financière de la colonie et la valeur des ressources affectées à l'amortissement.

D'autres emprunts, soit en raison de leur importance, soit en raison de la garantie donnèe par l'Etat aux prèteurs ont ètè autorisès par des lois; c'est ce qui est arrivè notamment pour les emprunts de Madagascar et de l'Indo-Chine.

Pour *Madagascar* une loi du 5 avril 1897 (1) a autorisè le Ministre des colonies a convertir le solde des obligations 6 o/o èmises en 1889 en reprèsentation de l'emprunt contractè le 4 dècembre 1886 par le gouvernement malgache. Un arrètè du 7 avril 1897 (2) règlait les dètails de la convention de l'emprunt de Madagascar ; un dècret du 6 mai (3) approuva les mesures prises par cet arrètè. Il s'en suivit une émission, avec garantie éventuelle de l'Etat, au taux maximum de 3 o/o de 60.000 obligations de 500 francs amortissables en 60 ans, 40.000 furent èmises immédiatement, les 20.000 autres au fur et à mesure du vote des Chambres. Cette loi exigeait, sage mesure, que le projet du budget et la situation provisoire et définitive de chaque exercice soient communiquées chaque année aux chambres à l'appui du projet de loi des finances. Elle ajoutait que, s'il y avait lieu de recourir à la garantie de l'Etat, les avances du gouvernement français seraient productives d'un intèrêt de 2 1/2 o/o jusqu'à complet remboursement. Cette loi spécifiait enfin, que tout emprunt que contracterait la Colonie serait approuvé par une loi, ce qui

(1) B. O. C. 9 310.
(2) B. O. C. 9 460.
(3) B. O. C. 9 469.

constituait une dérogation au mode normal de réalisation des emprunts. La nécessité de l'autorisation légale trouve son explication dans la garantie donnée par le gouvernement aux porteurs d'obligations. Il était nécessaire que l'Etat suivit de très près la situation financière de la Colonie. Un décret en conseil d'Etat ne parut pas suffisant pour autoriser les emprunts futurs qui pourraient obérer la situation de la Colonie et avoir ainsi une répercussion sur les finances métropolitaines. Aussi n'a-t-on pas hésité à mettre en mouvement l'appareil législatif pour autoriser à l'avenir les emprunts que Madagascar pourrait avoir à demander.

Des 60.000 obligations prévues dans la loi du 5 avril 1807, 20.000 restaient à émettre. La loi du 6 avril de l'année suivante autorisa une deuxième émission de 11.000 obligations a 580 francs à 2 1/2 o/o remboursables dans les mêmes conditions que les premières.

Enfin les 9.000 dernières furent émises après la loi d'autorisation du 5 mars 1900.

Avec cette dernière opération, le droit que la colonie tenait de la loi du 5 avril 1897, était épuisé. C'est pourquoi lorsque le Général Galliéni voulut doter la Grande Ile de l'outillage économique nécessaire à son développement commercial et industriel au moyen de fonds à emprunter, la loi du 4 avril 1900 (1) dut intervenir pour autoriser le gouvernement général

(1) Journal Officiel, 21 avril 1900, p. 2502.

de Madagascar à réaliser par voie d'emprunt une somme de 60 millions remboursable en 60 ans. Elle recevait une affectation exclusive : Chemin de fer de Tananarive à Aniverano, routes, phares, balise, adduction d'eau. Les conditions dudit emprunt doivent être soumises à l'approbation des Ministres des Colonies et des Finances. L'art. 4 donne à l'emprunt la garantie de l'Etat (1).

Indo-Chine. — Le protectorat de l'Annam-Tonkin a été autorisé par la loi du 18 février 1896 à contracter un emprunt de 80 millions remboursable en soixante ans divisé en obligations indifféremment nominatives ou au porteur de 100 francs à 3 fr. 25 o/o au maximum. L'Etat accordait sa garantie à l'emprunt aussi ce fut une loi qui autorisa sa réalisation. La loi du 16 décembre 1898 permit l'emploi du reliquat de cet emprunt de l'Annam - Tonkin. La même année le Parlement vota, le 25 Décembre, la loi autorisant le gouvernement général de l'Indo-Chine à contracter un emprunt de 200 millions. Un décret du 29 Décembre permit à ce gouvernement de réaliser immédiatement par voie d'emprunt une somme de 50 millions à valoir sur les 200 prévus par la loi. Le lendemain un acte identique spécifiait que

(1) L'annuité nécessaire pour le service des intérêts de l'amortissement de l'emprunt autorisé par la présente loi sera inscrite obligatoirement au budget de Madagascar et dépendances. Lorsque les recettes de la Colonie ne suffiront pas à couvrir les dépenses obligatoires il sera suppléé à l'insuffisance par une subvention de l'Etat.

les fonds provenant de l'emprunt seraient versés à la Caisse des dépôts et consignations et les retraits effectués en vertu d'autorisation donnée par le gouvernement général qui pourvoit directement, sans l'intermédiaire du Trésor, à la constitution des provisions nécessaires au service de l'emprunt. Un arrêté du Gouverneur général du 30 Décembre 1898 porte création de 110,000 obligations au porteur, à 3 1/2 %, de 500 francs, avec jouissance du 1er février 1899, remboursables au pair en 75 ans conformément à un tableau d'amortissement reproduit au verso des obligations. L'intérêt annuel est de 17 fr. 50 payable en deux échéances, 1er Mai et 1er Novembre. Le paiement des arrérages, le remboursement des titres sortis ont lieu aux établissements suivants :

Banque de l'Indo-Chine ;

Banque de Paris et des Pays-Bas ;

Comptoir National d'Escompte ;

Crédit Lyonnais ;

Société Générale pour le développement du commerce et de l'industrie en France :

Société Générale du crédit industriel et commercial.

Les arrérages sont prescrits par 5 ans, le capital des titres amortis par 30 ans. Enfin le Gouverneur général renonce à la faculté d'accélérer l'amortissement ou de rembourser par anticipation avant le 1er Mai 1909.

En fait donc, les emprunts contractés par les colonies françaises sont assez nombreux. Les plus importants (Indo-Chine, Madagascar, Guinée) ont été nécessités par l'accomplissement de gros travaux publics tels que chemins de fer, routes, à construire dans ces colonies. Ils ne représentent en somme que des opérations exceptionnelles alors que dans les colonies anglaises ils constituent la règle quasi normale. En effet, il arrive rarement que les colonies anglaises autonomes envoient des fonds à Londres. Les emprunts incessants qu'elles y contractent ont laissé presque constamment des fonds suffisants à leur crédit à titre de provision. Ces emprunts sont émis avec concurrence et sont souscrits par soumissions cachetées. De concert avec la banque que son gouvernement a désignée pour l'émission, l'agent général (1) arrête les conditions de l'emprunt, leur donne la publication voulue, prend connaissance des soumissions et les agrée. La banque d'émission reçoit d'ordinaire une modique commission (2), son siège est considéré comme le domicile de l'emprunteur, aussi reste-t-elle chargée du service des intérêts, des tranferts, des renouvellements moyennant une nouvelle rénumération annuellement payée. Si la même banque est chargée des dépôts et de l'emprunt, tout se règle chez elle par des écritures, autrement la banque d'émission verse le produit net de l'emprunt, à la banque de dépôt qui lui remet de son côté, par provision, lors de chaque échéance, les

(1) V. Appendice II.
(2) 1/2 % en général.

sommes nécessaires au paiement des arrérages. L'agent général vérifie les comptes d'emprunt au moment du versement du reliquat et contrôle, chaque semestre, les comptes d'intérêts.

Les emprunts des colonies anglaises restent des opérations de banque. Ils ne sont pas entourés des formalités exigées en France par le Sénatus Consulte de 1866, le Décret du 11 Août de la même année, le Décret du 20 Novembre 1882 ; Enfin ils sont aussi fréquents en Angleterre qu'ils sont rares en France où l'administration moins hardie que l'administration anglaise, n'aime pas voir les colonies « entrer dans « une voie quelquefois utile mais qui, le plus souvent, « conduit les départements et les communes a grever « leur avenir de charges sans cesse croissantes. » Et pourtant il y a un intérêt primordial pour les colonies à créer ou à développer, leur « outillage économique » or, ce ne sera presque jamais avec les ressources ordinaires quelles pourront mener à bien l'exécution des travaux publics nécessaires. Elles se verront obligées dans la plupart des cas de recourir à des emprunts (1). Partageant cette manière de voir, le congrès colonial international de 1900 (2e section, Régime colonial, domaines (2) a adopté le vœu suivant : « Les « gouvernements doivent encourager les colonies à

(1) Cependant la colonie du Dahomey a commencé l'exécution d'un chemin de fer à l'aide des ressources de sa caisse de réservo.

(2) Séance du vendredi matin, 3 août 1900.

« emprunter directement les fonds dont elles ont « besoin pour leur outillage économique (ports, « canaux, routes, chemins de fer) avec ou sans garan- « tie de la Métropole. »

L'adjonction suivante a été votée :

« Les Gouvernements se réservent un droit de « contrôle. »

On ne peut que se rallier à cette idée qui permettrait aux colonies françaises le développement commercial rapide que leur situation géographique et la prospérité de leur sol laisse espérer.

Telles sont les ressources ordinaires et extraordinaires que les Colonies françaises ont à leur disposition pour couvrir les dépenses votées, dans la limite de leurs pouvoirs, par leurs conseils généraux ou par leur conseil d'administration.

Section II. — Dépenses

Avec les recettes ci-dessus décrites, le budget local doit faire face à deux ordres de dépenses ordinaires : les dépenses facultatives ; les dépenses obligatoires.

Cette distinction du Sénatus-Consulte de 1866 et des actes organiques qui le suivent se retrouve dans le § 2 de l'article 33 de la loi de finances du 13 avril 1900. Ces divers actes n'ont d'ailleurs légiféré que pour les colonies dotées de conseils généraux.

Dans nos autres possessions, l'Indo-Chine exceptée c'est-à-dire Saint-Pierre et Miquelon, la Côte Occidentale d'Afrique, moins le Sénégal, Côte française des Somalis, Madagascar, Mayotte, on ne rencontre pas — en dehors des dettes exigibles et de quelques autres dépenses obligatoires très rares imposées par des decisions législatives comme celles du service des douanes (loi de 1892), contingents (Loi de 1893), — de division de cette nature dans le budget.

A. *Dépenses obligatoires*. — Sous le régime du Sénatus-Consulte de 1866 et décrets organiques qui le suivent, les dépenses obligatoires sont assez nombreuses, plus nombreuses même que dans les budgets départementaux. Partout l'on retrouve la nomenclature du Sénatus-Consulte augmentée parfois et jamais diminuée. Les tableaux suivants font apparaître avec l'indication du texte réglementaire qui les a imposées quellesétaient ces dépensesdans lesColonies ou fonctionnent des conseils généraux. Il est à remarquer qu'elles changent d'une colonie à l'autre ; lesmodifications cependant ne sont pas trèssensibles. On voit très bien que les rédacteurs des décrets organiques des colonies de la Guyane, de l'Inde, du Sénégal, de la Nouvelle-Calédonie, de Saint-Pierre et Miquelon des établissements français d'Océanie se sont inspirés du Sénatus-Consulte de 1866. L'uniformité est la règle pour toutes nos possessions qu'il s'agisse de nos trois vieilles Colonies, de nos possessions d'Amérique, d'Océanie ou des continents d'Afrique et d'Asie.

Tableau des dépenses obligatoires

Martinique (Exercice 1901) :

Contingent. — Sénatus-Consulte de 1866. Loi de finances 1893.

Dette : Dépenses sur exercice clos ; Garantie coloniale. — Sénatus-Consulte de 1866 (dettes exigibles).

Gouvernement colonial. — Sénatus-Consulte de 1866. Loi de finances du 29 mars 1897. Frais de représentation du gouverneur.

Secrétariat général ; Police générale. — Sénatus-Consulte de 1866.

Immigration. — Sénatus-Consulte de 1866. Loi de finances, du 3 avril 1898.

Prisons ; Cultes ; Instruction publique. — Sénatus-Consulte de 1866.

Dépenses accessoires de solde. — Dépenses se rapportant aux services obligatoires.

Douanes. — Loi du 11 janvier 1892.

Travaux publics. — Sénatus Consulte de 1866, entretien des bâtiments coloniaux des services obligatoires.

Assistance publique ; Frais de justice. — Sénatus-Consulte de 1866.

Dépenses imprévues. — Fonds à la disposition du gouverneur. Sénatus-Consulte de 1866.

DÉPENSES DE L'ÉTAT AUX COLONIES COMPARÉES AUX CONTINGENTS

Années	Désignation.	Martinique.	Guadeloupe.	Réunion.	Guyane.	St-Pierre et Miquelon.	Nouvelle-Calédonie	Océanie.	Inde.	Cochin-Chine.	Cambodge.	Annam-Tonkin.	Laos	Sénégal.	Soudan.	Guinée.	Côte d'Ivoire.	Dahomey.	Congo.	Côte des Somalis.	Mayotte.	Madagascar.
1889	Dépenses de l'Etat dans la Colonie ..	1.954295	1.805350	1.600680	5.606225	329.211	7.652840	791.061	477.699	2.701337	»	»	»	6.111731	3.038356	70.000	»	»	2.007664	466.956	160.478	»
	Conting^t payé par la Colonie à l'Etat.	56.410	57.320	78.500	37.640	5.880	26.800	20.800	20.906	[illegible]	»	»	»	30.280	»	»	»	»	6.800	»	3.300	»
1890	Dépenses de l'Etat	1.881784	1.856869	1.659015	5.913109	338.206	7.528471	824.353	427.809	2.570070	»	»	»	553.625	3.228172	20.000	212.908	»	1.777137	449.309	149.738	»
	Contingent... .	80.050	80.960	78.500	37.610	5.880	26.800	20.800	22.556	[illegible]	»	»	»	30.280	»	»	»	»	6.860	»	3.300	»
1891	Dépenses de l'Etat	2.722585	1.579055	1.659026	6.339588	316.757	8.189385	514.066	304.638	3.416957	»	»	»	5.693070	3.890510	33.000	221.504,55	»	1.493637	562.142	99.222	»
	Contingent......	280.050	80.960	78.500	37.640	5.880	25.800	20.860	22.556	8.288000	»	»	»	30.280	»	»	»	»	6.860	»	3.300	»
1892	Dépenses de l'Etat	2.330865	1.533331	1.753309	5.905419	261.183	8.223907	830.425	313.835	3.15833.	»	24.450.000	»	6.073913	5.199622	38.500	221.124,50	900.000	1.507267	572.052	98.209	»
	Contingent......	80.050	80.960	78.500	37.610	5.880	26.800	20.860	22.556	6.788000	»	10.000	»	30.280	»	»	»	»	6.860	»	3.300	»
1893	Dépenses de l'Etat	2.464398	1.580937	1.844862	5.846187	274.334	8.141688	821.590	320.536	3.199439	»	24.450.000	»	6.110371	5.719622	33.675	»	900.000	1.494417	604.472	97.000	»
	Contingent......	80.050	80.960	78.500	37.640,10	6.380	25.800	20.800	22.556	5.288000	2.000	60.000	»	30.280	»	»	»	»	8.860	»	3.300	»
1894	Dépenses de l'Etat	2.517848	1.587342	1.848227	5.854173	291.800	8.151632	868.552	331.761	3.166326	»	24.450.000	»	6.137513	6.219622	33.675	»	900.000	1.887270	660.700	97.195	»
	Contingent......	95.050	80.960	93.500	46.640	6.380	31.800	20.800	27.456	4.978000	2.000	60.000	»	30.280	»	»	»	»	8.860	»	3.300	»
1895	Dépenses de l'Etat	2.762766	1.683310	1.964313	6.070834	286.211	8.322758	903.909	338.906	3.272062	»	25.550.000	»	6.238033	9.000000	33.675	»	1.000000	1.890041	827.950	96.195	»
	Contingent.	95.050	80.960	93.500	46.640	6.380	31.800	20.800	30.906	4.978000	2.000	100.000	»	30.280	»	»	»	900.900	8.860	»	3.300	»
1896	Dépenses de l'Etat	2.496509	1.649493	1.903437	6.039104	282.590	7.900971	882.874	339.043	3.304308	»	25.850.000	»	6.209326	8.450000	30.000	210.310	»	2.557721	605.471	70.845	»
	Contingent......	95.050	80.960	93.500	46.640	6.380	31.800	20.860	38.900	4.078000	2.000	100.000	»	34.280	»	»	»	»	8.860	»	3.300	»
1897	Dépenses de l'Etat	2.538161	1.522729	1.706751	5.815623	271.953	7.785385	821.019	320.574	3.082086	»	25.090.000	»	5.950674	7.800000	300.000	1.085000	»	2.154060	614.807	44.845	11.850.000
	Contingent.......	95.050	80.960	93.560	69.640	6.380	31.800	20.860	54.240	4.739042	2.000	10.000	»	34.280	»	1.000	1.000	1.000	8.860	»	3.300	»
1898	Dépenses de l'Etat	2.657418	1.653709	1.964091	6.329810	289.442	7.408853	871.416	303.073	3.064741	»	23.700.000	»	6.047618	6.918000	302.809	1.260000	»	2.515253	614.807	44.845	20.185.000
	Contingent......	145.082	152.020	145.576	70.075	18.963	60.419	32.081	51.240	4.742442	2.000	100.900	»	47.085	3.000	3.600	3.000	3.600	8.860	300.000	7.520	9.840

Guadeloupe (Exercice 1900)

Dettes exigibles. — Sénatus-Consulte de 1866. Loi de finances 1893 (contingent).

Gouvernement colonial. — Sénatus-Consulte de 1866. Loi de finances du 29 mars 1897 (frais de reprèsentation du gouverneur.

Immigration. — Sènatus-Consulte de 1866. Loi de finances du 13 avril 1898.

Justice ; Cultes ; Instruction publique. — Sènatus-Consulte de 1866.

Douanes. — Loi du 11 janvier 1892.

Frais de perception des impôts. — Dette exigible. Sènatus-Consulte de 1866.

Police gènèrale ; Prison. Sènatus-Consulte de 1866.

Travaux publics. — Sènatus-Consulte de 1866. Entretien des bâtiments des services obligatoires.

Assistance publique. — Sènatus-Consulte de 1866.

Accessoires de solde. — Sènatus-Consulte de 1866. (Solde du personnel des services obligatoires).

Dèpenses diverses et imprévues. — Sènatus-Consulte de 1866. (Fonds mis à la disposition du gouverneur).

Réunion (Exercice 1899) :

Dettes exigibles. — Sènatus-Consulte de 1866. Loi de finances 1893 (contingent).

Services administratifs. — Sènatus-Consulte de 1866. Loi de finances du 29 mars 1897.

Instruction publique ; Police gènerale. — Senatus-Consulte de 1866.

Immigration. — Sènatus-Consulte de 1866. Loi de finances du 13 avril 1898.

Hospitalisation des aliénés. — Senatus-Consulte de 1866.

Douanes. — Loi du 11 janvier 1892.

Dèpenses assimilées à la solde. — Senatus-Consultes de 1866. (Personnel des services obligatoires.

Dépenses diverses et imprévues. — Sénatus-Consulte de 1866 (Fonds mis à la disposition du gouverneur).

Guyane (Exercice 1899).

Dettes exigibles. — Décret organique du 23 décembre 1878. Loi de finances de 1893.

Gouvervement. — Décret du 23 décembre 1878. Loi du 29 mars 1897.

Douanes. — Loi du 11 janvier 1892.

Remises aux comptables. — Décret du 25 novembre 1890,

Instruction publique ; casernement de la gendarmerie ; police génèrale ; prison ; dépenses imprévues ; assistance publique. — Décret du 23 décembre 1878.

Accessoires de solde au personnel des services obligatoires.

Approvisionnement généraux. — Des services obligatoires.

Personnel de travaux publics. — Décrets du 2 juin 1899, 19 juillet 1899.

Travaux publics. — Décret du 25 décembre 1878. Entretien des bâtiments des services obligatoires.

Dépenses diverses. — Décret du 23 déc. 1878.

Inspection mobile (logement, gardiennage, etc.). — Décret du 7 août 1896.

Etablissements français dans l'Inde

Dettes exigibles. — Décret organique 25 janvier 1879. Loi de finances 1893. Loi de finances 13 avril 1898.

Gouvernement. — Décret organique 25 janvier 1879. D. du 12 déc. 1898. D. du 13 déc. 1897).

Justice ; Culte ; Instruction primaire ; Police ; Prison ; Service financier ; Assistance publique ; Ports et rades. — Décret du 25 janvier 1879.

Dépenses assimilées à la solde. — (Dépenses du personnel des services obligatoires).

Dépenses imprévues. — Décret du 25 janv. 1879.

Ponts et chaussées. — Décret du 25 jauv. 1879. Décrets du 2 juin 1899. 19 juillet 1899.

Inspection mobile (logement. — Décret du 7 août 1896.

Sénégal (Exercice 1900).

Dettes exigibles. — Décret organique 4 fév. 1879. Loi de finances 1893.

Dépenses d'administration ; justice. — Décret du 4 février 1879.

Instruction publique. — Décret organique du 4 février 1879 (remboursable par communes), D. 18 déc. 1896.

Police ; Prison ; Asssistance publique. — Décret du 4 février 1879.

Dépenses diverses. — Décret du 4 février 1879.

Service financier. — Décret du 5 mars 1879, remises aux comptables.

Douanes. — Loi du 11 janvier 1872.

Service sanitaire et Lazarets. — Décret du 31 mai 1897.

Inspection mobile. — Décret du 7 août 1896.

Nouvelle-Calédonie (Exercice 1900).

Dettes exigibles. — Décret organique du 2 avril 1885. Loi de finances 1893.

Gouvernement et conseil privé. — Décret du 2 avril 1885. Loi du 29 mars 1897, frais de représentation du Gouverneur.

Secrétariat général ; Police ; Services financiers (remises aux comptables) ; Cultes ; Instruction publique ; Prisons ; Assistance publique. — Décret du 2 avril 1885.

Arrondissements. — Décret du 12 déc. 1888.

Douanes. — Loi du 11 janvier 1892.

Travaux publics. — Décret du 2 juin 1899.

Accessoires de solde. — (Du personnel des services obligatoires).

Frais d'impression du budget ; dépenses diverses et imprévues. — Décret du 2 avril 1885.

Inspection mobile (logement et gardiennage). — Décret du 7 août 1896.

Comptes spéciaux :

Immigration (son compte-courant). — Décret du 2 avril 1885.

Colonisation. — Décret du 10 août 1897.

Saint-Pierre et Miquelon (Exercice 1900).

Services administratifs. — Décret organique du 2 avril 1885. Loi du 29 mars 1897.

Services annexés ; instruction publique ; services maritimes. — Décret du 2 avril 1885.

Service financier. — Décret du 2 avril 1885, remises aux comptables.

Travaux publics. — Décret du 2 juin 1899.

Dépenses diverses ; dépenses imprévues ; dépenses sur exercice clos. — Décret du 2 avril 1885.

Dettes exigibles. — Décret du 2 avril 1885. Loi de finances 1893.

Inspection Mobile (logement, etc.) Décret, 7 août 1896.

Etablissements français d'Océanie (Ex. 1899)
Tahiti et Moorea

Dettes exigibles. — Décret organique, 28 déc. 1885, loi finances 1893.

Administration générale. — Décret du 28 déc. 1885.

Service administratif; Justice; Instruction publique ; Dépenses diverses et imprévues. — Décret du 28 déc. 1885.

Service financier. — Décret du 28 déc. 1885, remises aux comptables.

Travaux publics. — Décrets du 2 juin 1899 (personnel) et 19 juillet 1899 (matériel).

Inspection mobile (logement, etc.). — Décret du 7 août 1896.

Le § 2 de l'article 33, qui modifie cet état de droit, procède d'un tout autre esprit. Nos colonies pourvues de conseils généraux, les seules qu'avait à envisager la loi du 13 avril 1900, ne jouissent plus d'un régime uniforme. La nomenclature, on l'a vu, est différente suivant que la colonie est classée par la loi dans l'un ou l'autre groupe. Dans le premier groupe, composé des colonies d'Océanie et des continents d'Afrique et d'Asie, c'est-à-dire pour Tahïti et Moorea, Nouvelle-Calédonie, le Sénégal, et l'Inde c'est la loi qui fixe elle-même, à partir de 1901, la nomenclature des dépenses obligatoires qui ne peuvent se rapporter qu'aux dettes exigibles, au minimum fixé par décret pour le traitement du personnel des Secrétariats généraux ; au traitement des fonctionnaires en service dans la colonie fixé par décret, aux frais de la gendarmerie, police et justice. aux frais de représentation du gouverneur, au loyer, à l'ameublement et à l'entretien de son hôtel, aux frais de son secrétariat et autres dépenses imposées par des dispositions législatives.

Qu'y a-t-il de changé dans cette énumération ? La nouvelle nomenclature est moins longue que celle résultant des décrets organiques de ces colonies. Toutes les anciennes dépenses obligatoires importantes s'y retrouvent, un minimum est fixé par décret pour certaines dépenses de personnel. Les colonies ont, en plus, la garantie de la loi. Enfin cet article tient compte de l'esprit qui a présidé au vote de la loi ; les colonies doivent payer toutes leurs dépenses civiles et de la gendarmerie.

Les dépenses obligatoires des colonies du second groupe, c'est-à-dire nos possessions d'Amérique et la Réunion, la nomenclature devait être fixée, pour chaque colonie, par un décret en Conseil d'Etat ; ce décret devait en même temps déterminer un maximum. En exécution de cette disposition est intervenu le décret du 21 août 1900 (1). Un tableau annexé au décret, reproduit ci-dessous, indique et la nomenclature et le maximum des dépenses obligatoires pour la Martinique, la Guadeloupe, la Réunion et la Guyane qui se retrouve soumise à la législation des trois vieilles colonies.

(1) J. O. dn 24 août 1900.

Cet état, en ce qui concerne la nomenclature, comprend les dépenses qui avaient déjà été déclarées obligatoires par la législation antérieure (notamment par le Sénatus-Consulte et les lois de finances) auxquelles ont été ajoutées les dépenses que payait jusqu'à présent la métropole. Ces dépenses (dépenses civiles et de gendarmerie) doivent désormais être, en principe, supportées par les budgets locaux. La même procédure n'a pas été suivie pour la Guyane. Dans cette possession, que le Sénatus-Consulte du 3 mai 1854 avait placée sous le régime des décrets, plusieurs actes du pouvoir central avaient classé à la section obligatoire des dépenses qui étaient restées facultatives dans nos trois autres colonies. Afin d'avoir une momenclature uniforme, le pouvoir central a donné à la Guyane exactement la même situation qu'aux Antilles et à la Réunion. L'art. 33 avait également décidé que le maximum de ces dépenses serait pour chacune d'elles fixé par un décret en conseil d'Etat. C'était leur donner la garantie qu'elles ne dépasseraient ni leurs ressources ni leurs besoins. Les maxima déterminés par le décret du 21 août ne sont que provisoires. Une étude approfondie de la question doit être faite par les assemblées électives et les administrations locales. Les résultats sont soumis à une commission. Ce décret du 21 août 1900 ne doit avoir d'effet que pour l'exercice 1901. Il sert néanmoins a indiquer l'esprit dans lequel est mise en vigueur la réforme de la loi de finances.

Parmi les dépenses obligatoires figurent pour les colonies du 1er groupe art. 33. § 2, 1er D. 21 août n° 14 les dettes exigibles. Ces dettes exigibles comprennent les annuités pour les remboursements des emprunts et les divers contingents imposés aux colonies. Ils étaient de deux sortes :

a) Contingent payé en remplacement de la retenue de 3 0/0 sur les dépenses du matériel dévolu à la caisse des invalides de la marine antérieurement à la loi de finances du 8 août 1885 (art. 9).

b) Contingent imposé par la loi de finances de 1893 pour contribution de la colonie aux charges générales de l'Etat et aux dépenses militaires qu'elles occasionnent.

Le 1er de ces contingents n'a pas été un accroissement de charges pour les colonies. Celui de 1893, au contraire, pouvait se faire sentir lourdement sur les budgets locaux des colonies. Il n'avait été jusqu'ici que l'affirmation d'un principe, qu'une dépense d'indication. Mais il devait s'accroître dans l'avenir, pour se rapprocher de plus en plus de la somme réellement due par les colonies. Il est encore loin d'atteindre cette somme. Il a été fixé, comme suit, pour l'exercice 1900, dans l'art. 7 de la loi de finances

Indo-Chine	100,000
Martinique	65,032
Guadeloupe	46,060
La Réunion	67,076
Guyane	32,435
Sénégal	151,456
Soudan	3,000
Guinée française	3,600
Côte d'Ivoire	3,600
Dahomey	3,600
Congo	4,530
Saint-Pierre et Miquelon	7,992
Madagascar	9,570
Mayotte	2,410
Tahïti	11,821
Nouvelle-Calédonie	33,619
Inde	25,780
Côte des Somalis	300
Total égal	571,881

La Cochinchine payait autrefois, en exécution de l'art. 2 du Décret du 10 Janvier 1863 un contingent qui disparut en 1899. Depuis cette époque le budget général ne verse à la métropole qu'un contingent de 100,000 fr. En compensation d'ailleurs le crédit des dépenses militaires de l'Annam-Tonkin a été réduit de 24,000,000 (ch. 43 ex. 1898) à 20,360,000 (ch. 43 ex. 1899) et 20,407,000 (ch. 42 ex. 1900).

Dans le tableau suivant ont été mis en regard pour les années 1889 à 1898 inclus dans un même exercice d'une part les dépenses acquittées par l'Etat dans chaque colonie, et d'autre part, la somme payèe par cette colonie à titre de contingent. L'examen de cet ètat montre mieux que ne sauraient le faire de longs dèveloppements que ces sommes ne sont pas en rapport avec les charges de l'Etat. Même si l'on constate un lèger relèvement de ces crèdits après 1893, ils n'ont pas èté augmentés dans des proportions qui puissent en faire une vèritable contribution des colonies aux charges gènèrales de l'Etat. Ils sont restés ce qu'ils ètaient en 1893, une dèpense de principe.

Ces contingents vont disparaître avec l'application de la réforme du 13 mars 1900, les colonies payant en principe toutes leurs dépenses civiles et de gendarmerie. il n'y avait plus lieu de faire contribuer les colonies aux frais de l'Etat. Aussi la loi du 13 avril 1900 n'a-t-elle prévu (§ 1, art. 33) que l'éventualité d'un contingent qui serait imposé aux colonies jusqu'à concurrence des dépenses militaires qui y sont effectuées. La réforme n'est pas encore en vigueur, de tels contingents n'ont pu être mis à la charge des colonies. Mais il faut remarquer que les dépenses que cette loi fait supporter aux colonies sont plus importantes que les contingents de 1893. L'augmentation, dans les budgets locaux, produite par ces nouvelles dépenses obligatoires, indique ce qu'aurait dû être, pour présenter quelque caractère de réalité, le montant des contingents prévus aux diverses lois de finances depuis 1893.

§ 2. *Dépenses facultatives.*

Les dépenses facultatives sont toutes les dépenses autres que celles dont il vient d'être parlé. Les Conseils généraux après avoir satisfait aux dépenses obligatoires peuvent prévoir celles de cette section du budget comme ils l'entendent. Elles varient avec les besoins de chaque colonie et à la volonté des assemblées locales. Aussi ne saurait-on en établir une liste. La loi du 13 avril 1900 déclare expressément (art. 33, § 2, dernier alinéa) qu'elle n'apporte aucune modification aux règles qui les régissent actuellement. Les prérogatives des Conseils généraux au sujet des dépenses facultatives restent les mêmes dans les colonies d'Amérique et la Réunion. Elles ont cependant à pourvoir à un plus grand nombre de dépenses obligatoires. Il s'ensuit que ne pouvant augmenter dans de fortes proportions les impôts existants ou en créer de nouveaux sans autorisation, les conseils généraux ont, en fait, leurs droits diminués sur les dépenses facultatives.

Quant aux colonies d'Océanie et des continents d'Afrique et d'Asie les proportions des dépenses, on l'a vu, appartiennent au gouverneur.

CHAPITRE IV

Exécution du budget local.

Il a été examiné dans les chapitres précédents comment est voté le budget local, quelles sont les dépenses obligatoires ou facultatives auxquelles il doit faire face, quelles sont les ressources qui lui permettent de les acquitter. Il reste à indiquer comment il est procédé pour la perception des recettes et pour l'emploi des fonds en paiement. Mais, avant d'entrer dans cette étude, il est utile de rappeler en quelques mots les règles générales de la comptabilité publique qui président à l'administration du budget de l'Etat, de façon à faire comprendre, par comparaison, les relations intimes qui existent entre les deux modes de procédés.

I. — *Administrateurs et Comptables.* — Dans la Métropole, le ministère des Finances a, dans ses attributions, la réalisation et la garde des valeurs financières ; l'emploi en appartient aux différents départements ministériels qui ne peuvent engager des dépenses au delà des crédits fixés, par chapitre, par la loi du Budget. Il s'ensuit que les ministres ne peuvent faire bénéficier leur budget particulier des recettes qu'ils procurent à l'Etat (vente de vieux matériel, diminution de dépenses résultant des amendes encourues par les fournisseurs, de location d'immeubles) dont seul le budget des recettes du Ministère des Finances peut faire état.

Les Ministres sont donc les seuls ordonnateurs du budget de l'Etat, mais en raison de la grande étendue de territoire et dans un but de décentralisation, ils délèguent une certaine partie des crédits à des ordonnateurs secondaires (1) qui les emploient d'après instructions. Les comptes administratifs de ces ordonnateurs viennent se fondre, en fin d'exercice, avec le compte des ministres pour être soumis au Parlement lors du vote de la loi des comptes.

Le ministre des finances a, sous son autorité directe, tous les comptables qui, d'une part, perçoivent les recettes d'après les fixations de la loi des finances ou des lois spéciales à chaque espèce d'impôts, et qui, d'autre part, effectuent les paiements sur ordonnances

(1) Les ordonnateurs secondaires du budget colonial en France, sont déterminés par le règlement financier du département de la marine et des colonies du 14 janvier 1869, auxquels il y a lieu d'ajouter les chefs du service colonial dans les ports de commerce de la métropole créés par décret du 13 juin 1889 et qui ont remplacé, à ce point de vue spécial dans les départements de la Seine-Inférieure, de la Loire-Inférieure, de la Gironde et des Bouches-du-Rhône, les chefs du service de la marine du Havre, Nantes, Bordeaux et Marseille.

du ministre ou sur mandats de paiement des ordonnateurs secondaires accompagnées des justifications régulières prévues par le décret du 31 mai 1862 et détaillées, pour chaque département ministériel, par les règlements d'administration publique pris par le chef de l'Etat pour l'application de ce décret. Donc deux catégories de fonctionnaires coopèrent à la gestion des deniers de l'Etat ; les administrateurs et les comptables. Les administrateurs sont responsables vis-à-vis du Parlement, les comptables sont justiciables de la Cour des Comptes

II. — *Agents chargés de l'administration des fonds du budget local.* — De même dans l'administration des budgets locaux, on retrouve ces deux ordres de fonctions : les administrateurs et les comptables ; mais, comme dans les colonies, les pouvoirs ne sont pas répartis d'après les mêmes principes que dans la métropole, le directeur de l'intérieur, aujourd'hui le Gouverneur (décret du 21 mai 1898), réunit dans ses mains des attributions analogues à celles du ministre des finances, d'autre part à celles des divers départements ministériels. Il dirige la centralisation des recettes entre les mains des trésoriers-payeurs ; il est pour les deniers locaux le seul ordonnateur des dépenses. Il n'y a donc pas de séparation aussi tranchée qu'en France entre les services de recettes et les services de dépenses ; toutefois, le Gouverneur doit se tenir dans la limite fixée par le vote du Conseil général ou du Conseil d'administration ; aussi, les recettes ne peuvent, sauf certains cas nettement indiqués, servir à atténuer les dépenses d'un chapitre quelconque et doivent elles être prises en charge par le comptable sous la rubrique : recettes accidentelles ou produits divers.

Hors de la colonie, des recettes peuvent être recouvrées et des créances peuvent être acquittées, mais ces dernières opérations qui ont lieu à titre d'avances ne sont possibles qu'autant que la colonie a constitué au préalable pour en garantir le prompt remboursement une provision dans la caisse du Trésorier. Les dettes de la colonie ne sont payables que dans la limite de cette provision (1). Les ordres de paiement ainsi émis. soit par le Ministre des Colonies, soit par les ordonnateurs secondaires, en France, soit par les Gouverneurs des Colonies sont réordonnancés ultérieurement par l'ordonnateur du budget local intéressé et c'est alors seulement que le Trésorier-payeur est admis à en faire état dans ses écritures. Cette question sera d'ailleurs examinée à nouveau dans un paragraphe de cette étude.

Donc, que les recettes ou les dépenses soient effectuées dans la colonie ou au dehors, il existe un seul ordonnateur, le Gouverneur Général (2) ou le

(1) V. système anglais. Appendice.

(2) Pour éviter toute confusion il est bon d'indiquer que, dans ce qui va suivre, le Gouverneur sera appelé Ordonnateur

Gouverneur, tenant une comptabilité administrative de toutes les dépenses faites au compte du budget local et chargé de surveiller la rentrée de tous les produits formant le budget des recettes de la Colonie. Ce fonctionnaire dresse son compte administratif et le soumet au Conseil privé puis au Conseil général qui a voté le budget (1).

Il existe également un seul comptable (trésorier-payeur général ou trésorier-payeur) qui est chargé de toutes les opérations de recette et de dépense. Il compte par gestion d'un an, du 1er Juillet d'une année au 30 Juin de l'année suivante. Son compte est communiqué au Gouverneur puis transmis directement par le comptable au Ministre des Finances qui le soumet à la Cour des Comptes. chargée de le juger.

III. — *Mode de recouvrement des recettes.* — Le Décret du 20 Novembre 1882 comprend la nomenclature générale et sommaire des recettes du service local; cette énumération n'est pas limitative et n'exclut pas toute autre imposition qui serait régulièrement assise et qui n'aurait pas été indiquée dans ladite énumération de l'art. 42 (2).

quand il sera question de lui dans l'exercice des attributions qui découlent, pour lui, du Décret du 21 Mai 1898. Il ne saurait être question de l'ancien fonctionnaire qui portait ce titre antérieurement au Décret du 20 Nov. 1882.

(1) Voir pour le budget départemental l'article 66 de la loi du 10 Août 1871.

(2) Ressources générales de la Colonie § 1-2-3-4 de l'art. 42.

La perception des deniers de la colonie ne peut être effectuée que par un comptable du Trésor et en vertu d'un titre légalement établi (art. 43) d'après les réglements qui régissent ce service et en conséquence des autorisations données par les conseils généraux ou, à défaut, par le Gouverneur. Tous les produits sont centralisés par les divers comptables à des époques périodiques suivant les indications des art. 154 et suivants du Décret du 20 Novembre 1882.

a) Contributions directes et indirectes. — Les contributions se divisent en droits perçus d'après liquidation et droits perçus sur rôle. Les premiers se subdivisent en droits au comptant et droits constatés, ils se perçoivent en vertu de la législation existante par les Administrations des Douanes, de l'Enregistrement, des postes et des télégraphes, des contributions indirectes. Ainsi que leur nom l'indique, les droits au comptant sont payés immédiatement par les contribuables au moment même où ils réclament une formalité, demandent un service ou effectuent un achat. Les droits constatés sont ceux qui résultent soit de faits établis par les exercices chez les assujettis, soit d'engagements souscrits par les contribuables ; ils sont recouvrés ultérieurement à la diligence et sous la responsabiliié des comptables. Dans le premier cas, c'est le contribuable qui se rend chez l'agent du fisc pour se soumettre à l'impôt ou le verser (douanes, enregistrement, droit de circulation, de consommation, d'entrée). Dans le second cas, le contribuable subit passivement les constatations des employés et attend pour payer sa dette qu'un avertissement l'ait mis en demeure (contributions directes , exercice dans les caves, constatation des consommations, etc.) Chaque administration procède d'ailleurs suivant les règles spéciales à chacune d'elle, et toutes les perceptions sont précédées d'une liquidation établie d'après les indications de registres à souche, dont sont détachées généralement les quittances remises aux contribuables.

Les contributions sur rôle sont celles qui sont prévues d'avance pour un temps déterminé et sur certaines catégories de contribuables à raison de leur position, de leur habitation, de leur profession ou de toute autre circonstance par suite de laquelle l'impôt peut les atteindre (impôt foncier, impôt personnel et mobilier, capitation, impôt patente). Après s'être entourée de tous les renseignements utiles, l'administration établit un registre appelé rôle où, en face de la désignation précise du contribuable, elle indique le montant de la somme due par lui en raison de la quotité de la contribution, votée par l'autorité compètente, Ce rôle contient une case spéciale destinée à recevoir l'inscription des paiements successifs, qui sont constatés d'ailleurs sur un second registre à souche et donnent lieu à la délivrance d'une quittance à talon détachée dudit registre. Le percepteur ne peut exiger d'autres sommes que celles portées sur ce document.

Tout agent de perception, contributions directes ou

indirectes, ne peut en effet appliquer que les tarifs approuvés, sans être exposé aux poursuites comme concussionnaire (art. 44).

b) Subventions (§ 5, art. 42). — Dès la promulgation de la loi de finances, les subventions sont mises à la disposition des colonies bénéficiaires généralement en une seule fois, quelquefois en plusieurs, au moyen d'une ordonnance de délégation adressée au gouverneur et notifié au Ministre des Finances et au Trésorier payeur de la Colonie La Colonie est aussi créditée près du caissier payeur central du montant de la somme qui lui est allouée.

Les contingents sont payés au Trésor de la façon suivante. Ils sont versés entre les mains du Trésorier payeur qui établit ; 1° Une déclaration de versement qu'il remet au Gouverneur lequel l'adresse au département des Colonies ; 2° Un récépissé de versement qu'il transmet directement au Ministère des Finances (Caissier payeur central). La colonie se trouve ainsi débitée d'autant. Dans le cas où la colonie bénéficie d'une subvention il se fait une compensation entre le montant de la subvention et celui du contingent imposé, opération qui se règle par un jeu d'écritures.

c) *Emprunts.* — Les emprunts contractés par les colonies, préalablement autorisés par l'autorité compétente, ont été réalisés de deux façons différentes : 1° par contrat direct avec un établissement financier, 2° par souscription publique.

Dans le premier mode de procéder l'établissement prêteur remet les fonds à la colonie par l'intermédiaire du trésorier-payeur soit au moyen d'un envoi de fonds (numéraire) soit au moyen d'un ordre de recette émis à son nom. Les fonds sont versés au Caissier-payeur central lequel crédite la colonie. Le trésorier-payeur doit constater dans ses écritures le versement total ou partiel de l'emprunt. Ces emprunts sont assortis conformément à un tableau dressé au nom de la réalisation. Chaque année la colonie doit inscrire à son budget des dépenses aux « dettes exigibles » l'annuité (remboursement d'une partie du capital et arrérages) qui, ainsi prévue en totalité, est payée au prêteur.

Dans le cas d'emprunt par souscription publique, les sommes en provenant sont versées par les établissements financiers aux caisses desquels les souscriptions ont eu lieu, soit à la colonie, soit à la caisse des Dépôts et consignations. (Ex-Emprunt Indo-Chinois). Ils sont amortis, comme tous les emprunts publics de cette nature, par tirages qui ont lieu à des époques déterminées d'avance. La somme à prévoir est également inscrite obligatoirement chaque année au budget des dépenses. Les coupons d'intérêt des obligations restant à amortir, les titres sortis, sont payés ou remboursés par le département des Colonies sur provision spéciale constituée par la colonie bénéficiaire et notifiée au caissier-payeur central par mandat sur le trésor.

d) *Prélèvements sur les fonds de réserve* (a. 48). — Les prélèvements sur les fonds de réserve sont autorisés par le conseil général ou après délibération du

Conseil d'administration. Le Gouverneur, qui a pris un arrêté pour le versement à la caisse de réserve des excédents de l'exercice apuré, opère les prélèvements de la même façon ; copie de sa décision prise en exécution de l'autorisation du conseil général est adressée au Trésorier payeur à qui elle sert de pièce justificative. Il fait référence à ce document chaque fois que dans les limites de la somme totale dont le prélèvement a été autorisé, des retraits de fonds sont opérés. De leur côté, les administrateurs du budget local constatent dans leurs livres de comptabilité ces mêmes retraits (totaux ou partiels) au fur et à mesure qu'ils sont effectués. Le rapprochement entre ces deux comptabilités permet de contrôler la situation exacte de la caisse de réserve.

c) *Alimentation de la caisse.* — La caisse est alimentée au moyen de la rentrée des impôts et de la perception sur place des divers revenus de la Colonie, de la délégation des subventions dès la promulgation de la loi de finances ; au moyen d'envois de fonds. Ces derniers sont effectués par traites en banque (la perte au change est à la charge du budget des finances) ou par envois directs de numéraire par paquebots. Les conventions postales prévoient toutes les cas de l'espèce. Les frais d'envoi sont généralement fixés proportionnellement à leur valeur. La caisse du trésorier payeur s'alimente encore par la rentrée des avances faites par le budget local au service colonial, par le versement des fonds d'emprunt, etc. Comptabilité est tenue de ces mouvements de fonds au jour le jour sur un livre de caisse Les indications de ce livre-journal sont reportées aux comptes spéciaux ouverts par le Trésorier payeur.

IV. — *Distribution mensuelle de fonds.* — Les recettes (1) étant ainsi constituées dans la caisse du Trésorier-payeur, les gouverneurs déterminent chaque mois, par un arrêté en conseil privé, les sommes qui pourront être employées dans le courant du mois suivant pour l'acquittement des dépenses de la Colonie.

Le Trésorier-payeur reçoit avis de ces distributions mensuelles de fonds qui sont établis par chapitre et il ne peut acquitter de mandats que dans la limite des crédits ainsi ouverts (art. 64).

V. — *Engagement des dépenses.* — Toutes les dépenses quelles qu'elles soient, doivent être engagées d'après certaines formes requises, à la fois dans l'intérêt du budget local débiteur et dans celui des créanciers, aussi bien que pour garantir les fonctionnaires contre le reproche de concussion qui ne tarderait pas à leur être adressé par les contribuables si l'exécution

(1) Il est bon de signaler en passant que le Trésorier-payeur, quelle que soit l'origine des recettes, ne doit avoir qu'une seule caisse faisant ressortir un chiffre total d'existants. La distinction entre les divers comptes accessoires auxquels peuvent appartenir les fonds provenant de diverses sources n'apparaît que dans les écritures. (Trésor métropolitain, fonds du Budget local, caisse des Dépôts et consignations, Légion d'honneur, Invalides, Service des articles d'argent entre la France et les Colonies, etc.) (art. 137).

de ces prescriptions n'enlevait précisément tout doute à cet égard.

a) Solde et salaire du personnel. — Les services personnels sont rémunérés d'après des tarifs établis à l'avance et l'engagement de la dépense résulte de la nomination acceptée d'un fonctionnaire ou agent à tel poste ou emploi et de sa présence à ce poste.

b) Créances résultant de contrats. — Les fournitures de matériel et les entreprises de travaux sont régies par des formes plus étroites. Le décret du 18 novembre 1882, modificatif du décret du 31 mai 1862, en ce qui concerne les marchés passés au nom de l'Etat, et appliqué en fait dans les Colonies au moins dans le plus grand nombre de ses articles par le Décret du 26 octobre 1898 (1), stipule d'une façon générale que tous les achats, toutes les entreprises doivent donner lieu à une adjudication publique. Toutefois, quand l'engagement de dépense ne doit pas dépasser 1,500 fr., le décret permet à l'Administration de se contenter d'une convention verbale constatée par la production de la facture (achat sur-facture). Lorsque la dépense ne dépasse pas 20,000 fr. où, dans un certain nombre d'espèces

(1) Ces deux décrets ne sont pas applicables en principe aux marchés passés pour le compte des budgets locaux, mais les mêmes règles doivent autant que possible leur être appliquées.

L'art. 69 du Décret du 20 Nov. 1882 dit : « Les formes et conditions des marchés sont déterminées par des arrêtés du Gouverneur ».

nettement définies, il est permis de traiter de gré à gré, soit avec des industriels ou commerçants connus de l'Administration, soit après appel à la concurrence. Ce dernier mode est surtout recommandé. Dans tous les cas, les prix unitaires applicables doivent être discutés avant toute mise à exécution. Les marchés de gré à gré et les marchés par adjudication publique sont soumis à des formes spéciales qu'il serait trop long d'étudier ici, mais qui sont définies d'une façon précise dans des conditions générales établies dans toutes les colonies, tant pour les marc' és de travaux (1) que pour les marchés de fournitures (2).

Il faut cependant indiquer qu'aucun contrat passé dans les Colonies n'est définitif qu'après avoir reçu l'approbation du Gouverneur en conseil privé, et que, partout où les lois du Timbre et de l'Enregistrement ont été promulguées, ces formalités doivent être remplies à la diligence des créanciers de la Colonie.

VI. *Emploi des crédits. Paiements. Remise des titre de créances. Liquidation. Ordonnancement.* — Les paiements, qu'il s'agisse de solde du personnel

(1) Conditions générales des Travaux publics du 20 janvier 1899.

(2) Conditions générales du 7 juillet 1899 remplaçant celles du 20 octobre 1889. Ces conditions générales peuvent être appliquées sauf certaines modifications nécessitées par la situation du marché par des arrêtés locaux des Gouverneurs (art. 69, D. 20 novembre 1882).

ou de règlement de fournitures, ne s'effectuent qu'après accomplissement du service. Les salaires sont payés par mois à terme échu sur états de revue constatant la présence des fonctionnaires à leur poste pendant tout le mois et portant quittance (1).

Les fournisseurs sont tenue de présenter un titre de créance ou facture sur lequel figure le détail des objets livrés ou des travaux effectués. Ce document est vérifié par le service liquidateur, revêtu de la prise en charge d'un comptable du matériel et accompagné d'un certificat du service fait, dressé par le service vérificateur.

Quand ces opérations préliminaires sont accomplies, que la liquidation est devenue définitive, l'ordonnateur ou le sous-ordonnateur que le Gouverneur (2) peut désigner (art. 72 du décret du 20 nov. 1882), établit le mandat de paiement auquel il joint toutes les pièces justificatives de la dépense (décomptes, factures, marchés, etc.) suivant une nomenclature annexée au règlement financier du département de la marine et des colonies du 14 janvier 1869, aujourd'hui

(1) Un délai plus rapproché est applicable pour les salaires des journaliers ou ouvriers des divers services publics. L'Etat, au lieu d'être nominatif, est numérique. C'est d'ailleurs également au moyen d'états effectifs qu'est payée la solde des troupes à la charge des budgets locaux, mais il faut remarquer que la solde des troupes est *payée d'avance* et que les droits ne sont définitivement constatés que par la revue de liquidation trimestrielle.

(2) Pour l'Indo-Chine le Lieut.-Gouv. de la Cochinchine, résidents supérieurs et commandant sup. du Laos (D. 31 juil. 1898).

en refonte en ce qui concerne le département des colonies (1).

Les mandats sont ensuite communiqués (2) avec toutes les pièces justificatives au trésorier payeur qui les revêt de son visa (article 75) et les renvoie, en gardant les pièces, à l'ordonnateur. Le visa n'est d'ailleurs opposé que si les titres de paiement établis portent sur des crédits régulièrement ouverts. Tout mandat de paiement doit être remis à l'inté-

(1) L'art. 77 du décret du 20 nov. 1882 résume ainsi les bases d'après lesquelles doivent être établies les justifications à mettre à l'appui des mandats.

Pour les dépenses du personnel :

Solde, traitement, salaires, indemnités, vacations et secours. — Etats d'effectifs ou nominatifs énonçant : le grade ou l'emploi ; la position de présence ou d'absence : le service fait ; la durée du service ; la somme due en vertu des lois, règlements et décisions.

Pour les dépenses du matériel :

Achats et loyers d'immeubles et d'effets mobiliers, achats de denrées et matières, travaux de construction, d'entretien et de réparation de bâtiments, de routes, de ponts et de canaux, travaux de confection, d'entretien et de réparation d'effets mobiliers, frais de procédure, primes, subventions, bourses, dépenses diverses, etc. : — 1° Copies ou extraits dûment certifiés des arrêtés des gouverneurs, des décisions des directeurs de l'intérieur, des contrats de vente, soumissions et procès-verbaux d'adjudication, des baux, conventions ou marchés ; 2° Décomptes de livraisons, de règlements et de liquidations, énonçant le service fait et la somme due pour acompte ou pour solde.

Cette nomenclature est forcément incomplète, elle n'est d'ailleurs qu'une indication, aussi faut-il toujours se reporter au règlement financier de 1869.

(2) Cette obligation n'existe pas pour les dépenses de personnel (article 76).

ressé par l'intermédiaire de l'ordonnateur (article 75), celui-ci connaît, en effet, mieux que le trésorier, les créanciers de la colonie avec lesquels il a traité ; aussi l'ordonnateur est-il responsable des faux paiements qui résulteraient de la remise d'un mandat de paiement à tout autre qu'à l'ayant droit.

Le payeur peut refuser de donner son visa sur les mandats qui lui sont communiqués avant présentation au guichet ou de payer ceux qui ne sont pas soumis à cette formalité, dans les cas spécifiés par l'article 78 du décret du 20 décembre 1882 :

1°) Quand le montant du mandat excède la limite du crédit sur lequel il doit être imputé ou les distributions mensuelles de fonds ;

2°) Quand il dépasse le montant des fonds disponibles appartenant au service local ;

3°) Lorsqu'il y a omission ou irrégularité matérielle dans les pièces justificatives produites ;

4°) S'il y a irrégularité infirmant la validité de la quittance ou non justification du service fait.

En cas de refus de paiement, le Trésorier adresse à l'ordonnateur la déclaration écrite et motivée de son refus, il en remet une copie au porteur du mandat. Si, nonobstant, le Gouverneur requiert par écrit et sous sa responsabilité qu'il soit passé outre, et si le refus n'est motivé que par l'omission ou l'irrégularité matérielle de certaines pièces (§ 3 ci-dessus), le comptable procède au paiement et annexe au mandat avec une copie de sa déclaration, l'original de la réquisition qu'il a reçue.

Il en est de même actuellement en ce qui concerne les refus de paiement basés sur la non-disponibilité de fonds ou sur la non-justification du service fait comme sur des irrégularités infirmant la validité de la quittance (§ 1, 2 et 4 ci-dessus) ; mais ici, outre la réquisition, le Gouverneur doit prendre un arrêté. Dans ces trois derniers cas, en France, la réquition reste sans effet, sauf lorsqu'il s'agit du service de la solde, mais il en est referé immédiatement au Ministre des Colonies et au Ministre des Finances. En tout état de cause, quand il est procédé dans les Colonies à un paiement par voie de requisition, le Gouverneur doit aviser le Ministre des Colonies, le Trésorier-payeur et le Ministre des Finances. Cette obligation de rendre compte aux deux Ministres n'existe qu'à *posteriori* seulement pour les dépenses payables sur les budgets locaux en raison de l'éloignement des Colonies qui a incité le Gouvernement à donner aux Gouverneurs un pouvoir plus étendu qu'aux ordonnateurs de la Métropole.

Le chef d'une expédition militaire peut d'ailleurs toujours, sous sa responsablité, forcer la caisse du payeur de l'expédition en lui remettant un ordre écrit. Il en est rendu compte par le payeur au Ministre des Finances.

Saisies arrêts ; *oppositions*. — Toutes saisies. ou oppositions sur les sommes dues par une colonie, toutes significations de cessions ou de transports de sommes ayant pour objet d'en arrêter le paiement, doivent être faites entre les mains du Trésorier payeur de la Colonie. Toutefois, pour les dépenses au dehors, elles sont faites entre les mains du comptable qui doit les acquitter : Trésorier payeur d'une autre colonie. Trésorier payeur général en France ou Conservateur des oppositions au Ministère des Finances. Les oppositions ne sont admissibles que pour la portion saisissable des appointements ou traitements (art. 80). Les sommes ainsi arrêtées sont versées à la fin de chaque mois par le Trésorier payeur au compte courant de la Caisse des Dépôts et Consignations. Ces dépôts, qui ne sont d'ailleurs effectués que s'ils sont autorisés par la loi, par la justice ou par acte passé entre l'administration et ses créanciers, libèrent la Colonie aussi bien que si le paiement avait été fait directement aux ayants droits.

VII. *Services régis par économie.* — Pour faciliter l'exploitation de certains services locaux, le Gouverneur peut décider qu'ils seront régis par économie, c'est-à-dire qu'ils recevront des avances à charge par eux d'en rendre compte et de rattacher ultérieurement aux mandats d'avance émis à leur profit les pièces justificatives des dépenses effectuées (art. 81). Le montant de ces avances ne doit pas excéder 10,000 fr. et il ne peut en être fait de nouvelles que jusqu'à concurrence du montant des justifications produites. Les quittances des créanciers réels doivent être p oduites mensuellement.

VIII. *Réintégration des crédits appartenant au service local.* — Les réintégrations proviennent de diminutions de dépenses constatées soit à la suite de rèimputations rendant disponibles au titre des chapitres bénéficiaires, au moyen d'atténuations de dépenses, les sommes ainsi reversées ou réimputées à d'autres chapitres.

Reversement en numéraire. — Les reversements, conséquence d'un trop payé, du non emploi d'avances à des services régis par économie, de remboursements de cessions à des particuliers, sont effectués entre les mains du Trésorier payeur sur présentation d'un ordre de reversement émis par le Gouverneur (art. 82).

Les récépissés de ces versements sont récapitulés dans un état ou bordereau détaillé indiquant à quel chapitre de dépense ils sont imputables et le Trésorier en fait état dans ses écritures par voie d'annulation de paiements d'une somme égale au montant de ces récépissés.

Dans le cas où les reversements se rapportent à des exercices écoulés, le Trèsorier payeur porte la recette au chapitre : « Recettes diverses ou produits accidentels du buget local de l'exercice courant ». Il doit en être de même des amendes ou retenues diverses à imposer aux fournisseurs ou entrepreneurs pour irrègularités dans l'exècution de leurs marchès.

Réimputation ou changement de classement d'une dépense. — Les erreurs qui se sont produites dans l'imputation des dèpenses portèes sur le mandat èmis par l'ordonnateur sont redressées au moyen d'un certificat de rèimputation ètabli par lui et remis au trèsorier payeur qui augmente la dèpense d'un chapitre et attènue d'une somme ègale celle d'un autre chapitre (a. 83). Le changement de classement d'une dèpense bien imputèe par l'ordonnateur mais mal classèe par le comptable se fait de la même façon au moyen d'un certificat de faux classement ètabli par lui (art. 83).

Ces opèrations s'effectuent sans qu'il y ait à distinguer comme dans la mètropole pour le budget de l'État si elles portent sur des paiements effectuès pendant la gestion expirèe ou pendant la gestion courante (art. 84).

IX. *Recettes et dépenses effectuées hors de la colonie qu'elles concernent* (art. 85 et suivants). — *Provisions :* Sous le régime du décret du 26 septembre 1855 les paiements ou les recettes à effectuer en France ou dans une colonie autre, au compte des budgets locaux, étaient autorisés par le Ministre de la marine et des colonies ou par ses ordonnateurs secondaires dans les ports ou dans les colonies. Ces opérations étaient faites à titre de mouvements de fonds, par le Caissier central à Paris, par les trésoriers-généraux dans les départements et par les trésoriers-payeurs en Algérie et dans les colonies.

Les pièces constatant la recette ou la dépense étaient envoyées par l'intermédiaire du département au gouverneur de la colonie intéressée qui les remettait au directeur de l'intérieur afin que celui-ci établit des ordres de recette et mandats de dépenses en vue de régulariser et de rattacher au budget qu'il administrait, les recettes et paiements effectués hors de la colonie. Pour éviter des pertes de documents, ces pièces étaient rédigées en double expédition et expédiées par des voies différentes.

Toutefois les paiements en question n'engageaient le responsabilité de ceux qui les effectuaient qu'en ce qui concerne la validité de la quittance mais non quant à la régularité des pièces justificatives dont le comptable de la colonie était seul responsable vis-à-vis de la Cour des comptes.

Les recettes ou dépenses faites dans une autre colonie avaient lieu suivant le même procédé mais les documents les constatant étaient tantôt par l'intermédiaire du Département suivant la situation géographique des colonies où s'étaient consommées ces opérations.

Les Trésoriers des Colonies passaient écriture des recettes comme des fonds envoyés au caissier central ou des paiements comme des fonds reçus de ce même comptable ou des Trésoriers généraux ou autres trésoriers. Enregistrement de ces opérations était tenu au Ministère de la Marine mais les faits généraux de recette et de dépense du service local n'étaient compris dans la comptabilité centrale qu'après avoir été d'abord rattachés à la comptabilité locale des Directeurs de l'Intérieur et des Trésoriers et avoir été décrits dans les documents financiers établis par l'ordonnateur du budget local.

Ce système subsista sans modifications en exécution du décret du 31 mai 1862 et du décret du 20 novembre 1882. L'article 70 de ce dernier acte stipule en effet, que le trésor public est autorisé à faire l'avance des paiements susceptibles d'être effectués en France pour le compte du Service local des Colonies, les paiements étaient remboursés au moyen de mandats sur le Trésor émis par les Trésoriers payeurs et égaux au montant des mandats de régularisation émis par les Directeurs de l'Intérieur aussitôt après réception, dans chaque colonie, des pièces justificatives de dépenses. En vertu de ces dispositions, le trésor métropolitain faisait des avances sans limites et comme les colonies négligeaient de le rembourser régulièrement, il s'en suivait que le Trésor se trouvait fréquemment à découvert de sommes importantes.

Pour obvier à ces inconvénients, une décision du Ministre des Colonies, prise après accord avec le Ministre des Finances, fixa, le 6 mars 1890, le maximum des avances qui pouvaient être ainsi consenties; mais ce mode de procéder ne donna pas encore les résultats attendus et provoqua des réclamations de la part des fournisseurs qui n'étaient pas payés en temps utile, quand les remboursements des colonies subissaient un retard quelconque et que, par suite, le maximum fixé se trouvait dépassé. Aussi, les deux départements s'inquiétèrent-ils de porter remède à cette situation en obligeant les colonies à constituer les provisions afin d'assurer, d'une façon certaine et sans délai, le remboursement à faire pour les paiements à effectuer en France au compte des budgets locaux.

Aux termes de l'arrêté du 6 août 1892 (1) notifiée aux colonies par la circulaire du 17 du même mois (2), le montant de la provision dont il s'agit est fixé chaque année de concert entre l'Administration des colonies et celles des Finances ; la provision est prélevée par douzième sur le montant de chaque distribution mensuelle de fonds avant établissement de toute ordonnance de paiement. Elle fait l'objet de mandats délivrés au nom du trésorier-payeur sur les différents chapitres présumés devoir supporter les dépenses. Le trésorier-payeur fait recette du montant de ces mandats au crédit du compte du correspondant administratif ouvert dans ses écritures sous la rubrique « service local, S/C... provision pour dépenses hors de la colonie ». Ce compte est tenu par exercice. Le récépissé constatant cette opération est transmis au ministère des finances annoté des recettes déjà effectuées à ce titre et des dépenses déjà régularisées.

Le département des colonies reçoit une déclaration de versement relative au même objet. Au fur et à mesure de la régularisation des ordres de paiement acquittés dans la métropole, régularisation qui s'opère d'après les règles rappelées ci-dessus, les sommes réservées sont réintégrées au budget local au moyen d'un ordre de recette égal au montant des mandats de régularisation ; un mandat sur le Trésor est adressé

(1) B. O. C. 1892 p. 591.
(2) B. O. C. 1892 p. 589.

par l'intermédiaire du ministre des colonies au comptable qui a effectué le paiement, pour le couvrir de son avance. Le reliquat du compte de provision en fin d'exercice est rétabli de la même manière en crédit du budget local.

Indépendamment de cette provision annuelle destinée à faire face aux dépenses normales de personnel et de matériel payées en France, les Colonies sont obligées de constituer une provision spéciale chaque fois qu'elles demandent à la métropole l'acquisition de matériel nécessaire à de gros travaux (grand outillage, routes, constructions, chemins de fer, lignes télégraphiques, wharfs, bateaux-postes, bassins de radoub, etc.).

Quoiqu'il en soit, souvent les dépenses dépassent les provisions, et il arrive que les Colonies n'exécutent pas toujours les ordres précis du département, aussi a-t-on déjà dû, à plusieurs reprises, leur adresser des circulaires de rappel au sujet de l'exécution de l'arrête du 6 août 1892. (Circulaire des 14 avril 1894, 22 mai 1897 et 20 décembre 1897).

X. *Exercice : période d'exécution du Budget local.* — Ainsi qu'il a été dit plus haut, les dépenses se rapportant à un exercice sont celles qui sont engagées du 1er janvier au 31 décembre de la même année ; c'est, par suite, le millésime de l'année qui donne son nom à l'Exercice.

Mais tous les faits de dépense peuvent s'effectuer dans ce délai, aussi les crédits restent-ils disponibles au-delà du terme de l'année :

1° pour le mandatement jusqu'au 20 juin de la seconde année (art. 92).

2° pour les paiements à effectuer sur les mandats des ordonnateurs jusqu'au 30 juin (art. 93).

Tout mandat non présenté à la caisse du trésorier-payeur avant cette dernière date doit être réordonnancé et peut l'être jusqu'au terme de déchéance fixé à 5 ou 6 années à partir de l'ouverture de l'exercice suivant que le créancier soit domicilié dans la colonie ou hors de son territoire (art. 94).

Les crédits restant disponibles au 30 juin sont définitivement annulés (art. 95).

Quant aux recettes elles appartiennent toujours à l'exercice pendant lequel elles sont recouvrées (art. 96).

Les paiements sur exercice clos sont mandatés sur les chapitres de l'exercice courant qui concernent ces dépenses et forment des articles distincts de ces chapitres totalisés par exercice.

Les dépenses faites en France au compte des budgets locaux cessent d'être mandatées le 15 mars et payées le 31 du même mois. Ces termes ont été fixés d'une manière définitive par la circulaire du 31 janvier 1898 (1) afin de permettre aux ordonnateurs locaux de les régulariser avant la clôture de l'exercice dans la colonie.

Il faut remarquer que l'on ne trouve dans la période d'exécution des budgets locaux rien de semblable

(1) B. O. C. p. 29.

au délai accordé par le Décret du 31 Mai 1862 et par celui du 20 Nov. 1882 (art. 8) pour achèvement des services du matériel commencés avant le 31 Déc. et qui, pour des raisons de force majeure, n'ont pu être terminés avant le début de l'année. Il s'ensuit que pour ces travaux ou fournitures l'exercice d'imputation est déterminé par la date de la recette définitive auxquels ils donnent lieu, à moins que les contrats passés n'aient prévu les paiements d'à-comptes au fur et à mesure de l'avancement des travaux, etc). Il n'y a pas lieu non plus de distinguer, pour le paiement des dépenses des exercices clos, si elles sont relatives à la solde ou à des fournitures de matériel comme le fait le Décret du 31 Mai 1862 pour les dépenses du budget de l'État, toutes les créances, quelles que soient leur origine sont payables sur l'exercice courant jusqu'au terme de péremption ci-dessus men tionné. Elles donnent lieu à l'ouverture de crédits supplémentaires mais peuvent être payées avant le vote du conseil général si les crédits alloués pour l'exercice en cours sont suffisants.

XI. *Comptabilité du Service local.* — *a) Ligne administrative.* — Chaque ordonnateur du budget local tient un enregistrement immédiat de toutes les opérations concernant. *pour les recettes*, la constatation des droits acquis pour la colonie et la réalisation des produits, *pour les dépenses* la fixation des crédits, la liquidation, le mandement et le paiement. Ce livre journal dans lequel ces opérations sont consignées, d'après les divisions du budget donne sommairement tous les renseignements que procurent en détail d'autres livres auxiliaires, dont le nombre et la forme ne sont pas fixés d'une manière rigoureuse et qui peuvent comprendre, pour les recettes;

Le livre d'enregistrement des droits constatés au profit de la colonie;

Le livre d'enregistrement des recettes effectuées;

Le livre d'enregistrement des restes à recouvrir. Et pour les dépenses :

Le livre journal des crédits ouverts;

Le livre d'enregistrement des droits des créanciers;

Le livre journal des mandats émis sur lequel sont indiqués ultérieurement les paiements effectués, d'où l'on peut déduire les restes à payer.

Chacun des articles de ce journal et des livres annexes est reporté sur un grand livre des comptes ouverts établi d'après les divisions du budget. Ces documents servent à établir le relevé des diverses opérations ci-dessus relatées qui est adressé au Ministre des colonies dans les premiers jours de chaque trimestre jusqu'au terme de la clôture de l'exercice (art. 104-105). Le compte définitif de l'exercice est présenté au Conseil privé dans les trois mois qui suivent l'expiration de l'exercice (art. 107) et soumis au Conseil général dans la session ordinaire (art. 109) (1). Ce document est établi d'après l'ordre

(1) V. pour le Budget du Département l'a. 66 de la Loi du 10 août 1871.

et la nomenclature du budget. Il comprend (art. 110) :

1°) Un tableau général présentant par nature de produits, pour les recettes, et, par chapitre, pour les dépenses, tous les résultats de la situation définitive de l'exercice expiré ;

2°) Un tableau de l'origine des crédits ;

3°) De développements destinés à faire connaître, par comparaison avec les prévisions du budget, les droits constatés et les recettes recouvrées ou paiements effectués, les restes à recouvrir et les restes à payer, qui constituent l'héritage que l'exercice expiré lègue à l'exercice suivant ;

4°) La comparaison des dépenses avec les prévisions du budget ;

5°) La situation des fonds de réserve ;

6°) Celle des emprunts, s'il y a lieu.

Cette énumération de l'art. 110 n'est ni rigoureuse, ni limitative. Il suffit que cet édit puisse permettre à l'observateur de se rendre compte, d'une façon facile et sommaire bien que comportant tous les détails nécessaires de la situation financière de la Colonie afin que les conseils généraux puissent en débattre les éléments (art. 111) en connaissance de cause.

b) *Ligne comptable.* — Les comptables tiennent, de leur côté, enregistrement de toutes leurs opérations Ils comptent par gestion et la comparaison entre les deux comptes donne lieu à la déclaration de conformité par la commission de trois membres prévue à l'art. 108 du décret du 20 novembre 1882 (1).

Le comptable doit avoir une caisse unique dans laquelle sont confondus tous les fonds appartenant aux divers services, mais ses livres et les comptes ouverts à ses *correspondants administratifs* font la distinction des divers propriètaires de ces valeurs. Ses ècritures sont arrètèes au 30 Juin ainsi qu'à l'èpoque où ils cessent ces fonctions. Les comptes annuels du Trèsorier payeur contenant confondus dans le sien propre ceux de ses subordonnès (2) sont rendus par gestion. Ils comprennent :

1° La situation des comptables au commencement de la gestion.

2° Les recettes et dèpenses de toute nature effectuèes dans le cours de cette gestion.

3° La situation des comptables à la fin de la gestion avec l'indication des valeurs en caisse et en portefeuille constituant le reliquat (art. 203).

Chaque comptable rend compte de sa gestion personnelle. Ces comptes sont adressès 3 mois au plus après la clôture de la gestion au Ministre des finances pour être envoyès par lui à la cour des comptes (art. 203).

XII. *Contrôle.* — La gestion des deniers locaux

(1) Voir plus loin Contrôle.

(2) Chaque comptable principal est responsable des recettes et des dépenses qu'il est tenu, d'après les règlements, de rattacher à sa gestion personnelle. Toutefois cette responsabilité ne s'étend pas à la portion des recettes, des comptables inférieurs, dont il n'a pas dépendu du comptable principal de faire effectuer le versement ou l'emploi.

est soumise au contrôle de l'Inspection dés Colonies, du Conseil privé, des Départements des Colonies et des Finances et, par dessus tout, de la Cour des Comptes. D'autre part, le Conseil général approuve le compte définitif d'exercice établi par l'ordonnateur.

L'Inspection des Colonies surveille spécialement la gestion de tous les comptables publics, tant en deniers qu'en matières ; son droit d'investigation n'est pas limité et elle vérifie toutes les fois qu'elle le juge convenable, les caisses et les écritures du Trésor et des comptables locaux. Ce droit de contrôle permanent sur les services financiers qui était attribué aux corps de l'Inspection des Colonies par le décret d'organisation du 25 novembre 1887, a été supprimé par le décret du 3 février 1891 ; mais un décret du même jour lui donnait ces mêmes attributions en tant qu'inspecteurs mobiles et ajoutait : « Ils exercent à l'égard des comptables « et des directeurs, fonctionnaires ou agents de régies « financières, les attributions dévolues en France aux « membres de l'Inspection générale des finances. » Ils reçoivent, à cet égard, des instructions du Ministre des Finances qui leur sont transmises par l'intermédiaire du Ministre des Colonies.

On peut donc dire qu'actuellement le corps de l'Inspection des Colonies n'exerce sur la gestion des administrateurs et des comptables des Colonies qu'un contrôle *a posteriori* nécessairement insuffisant quoique inopiné ; car, quelles que soient les instructions précises des départements des Colonies et des Finances ; quels que soient, d'autre part, l'activité et le coup d'œil de ces fonctionnaires, il est certain que des faits qui sont constatés depuis longtemps dans les écritures sont beaucoup moins saisissables que les actes qui se produisent au jour le jour et qui peuvent être arrêtés avant d'avoir reçu leur consécration définitive. Sans doute les missions d'inspection sont fréquentes et si elles ne sont pas plus nombreuses, ce n'est pas à la bonne volonté des Inspecteurs qu'il faut s'en prendre, mais uniquement à l'insuffisance de crédits votés par le Parlement. D'ailleurs il n'est pas bien sûr qu'un contrôle permanent à priori dans nos grandes colonies ne coûteraient pas plus cher que ces missions de plusieurs inspecteurs recevant des vacations et effectuant dans le cours d'une année des voyages d'un prix de revient excessivement élevé. Il est même probable que des inconvénients graves sont inhérents au système de l'inspection permanente ; car après quelque temps d'existence elle a dû être supprimée. On est alors revenu à l'Inspection mobile, à postériori et inopinée. Cependant on trouve en Indo-Chine et à Madagascar des contrôles financiers qui fonctionnent à priori.

Si, d'ailleurs, le Contrôle préventif est jugé nécessaire en France, où les administrateurs et les comptables sont à proximité de leurs chefs à tous les degrés de la hiérarchie, où par suite les erreurs et malversations qui se produiraient pourraient pour ainsi dire être saisies au moment même, à plus forte raison devrait-il être établi aux Colonies, en vertu de ce principe qu'il vaut mieux prévenir que réprimer, et que souvent, en raison même de l'éloignement des Colonies, les fonctionnaires fautifs auront quitté quelquefois depuis longtemps le siège de leur résidence au moment où leurs écritures feront l'objet d'une vérification. Quelquefois même, ils pourront profiter des réquisitions de passage qui leur sont délivres, pour rentrer en France, afin de se réfugier en pays étranger, si leur conscience, leur crie trop haut qu'ils peuvent craindre la justice de leur pays.

Indépendamment de ce contrôle de l'Inspection des colonies, qui s'exerce en fait sur tous les livres de détail des administrateurs et des comptables, des vérifications de caisse sont obligatoires au moment de la clôture de la gestion. Elles sont faites par un fonctionnaire délegué par le gouvernement. Il peut également y en avoir d'inopinées (art. 199). De plus, une commission de trois membres, nommée annuellement dans le sein du conseil privé, constate la concordance des résultats compris dans le compte d'exercice de l'ordonnateur avec les écritures du trésorier payeur (art. 102 et 141). Les procès verbaux de ses travaux sont communiqués aux ministres des colonies et des finances.

Au-dessus de ces rouages il y a le contrôle des deux ministres et enfin celui de la Cour des comptes qui juge les comptes des recettes et des dépenses des trésoriers payeurs, les comptes des comptables inférieurs étant placés dans la juridiction du conseil privé et n'étant donnés à la cour des comptes qu'en cas de pourvoi·

Les Gouverneurs, en conseil privé, statuent définitivement sur leurs propres comptes. On peut se demander, par suite, comment ils pourront rejeter des dépenses qui s'y trouvent inscrites et dans quel cas l'art. 112, §§ 2 et 3, pourrait être appliqué à la lettre.

La gestion des administrateurs n'est d'ailleurs atteinte par les jugements de la Cour des Comptes qu'en tant qu'ils sont tenus de donner aux comptables toutes les facilités possibles pour répondre aux injonctions qui leur sont adressées par elle. Ces jugements redressent par là même pour l'avenir les errements défectueux qui ont pu se produire dans certains services. C'est ici le lieu de signaler la différence de traitement entre la responsabilité des comptables et celle des administrateurs. Il faut remarquer, en effet, que les Trésoriers-payeurs, comme tous les comptables de finances, sont responsables pécuniairement de leur gestion et que la Colonie possède comme garantie de cette responsabilité les cautionnements de ces comptables et, au moins dans les colonies à législature, l'hypothèque légale qui grève leurs biens (Loi du 5 Sept. 1807, art. 2121 du C. C. et 2098) privilège résultant du fait qu'ils sont investis de ces fonctions. Les ordonnateurs, au contraire, n'ont qu'une responsabilité morale qui peut se traduire, pour eux, par l'application de peines disciplinaires, mais ils ne sauraient être mis en cause pécuniairement, ni par leur ministre, ni par la Cour des Comptes, à moins qu'un texte législatif formel ne l'ait spécifié ou qu'ils ne soient devenus, en fait, comptables occultes. Dans ce cas, ils deviennent justiciables de la Cour des Comptes et peuvent être poursuivis sur leurs biens personnels pour la restitution des sommes dont ils se sont réser- l'emploi direct et dont ils ne pourraient justifier (art. 25, D. 31 mai 1862, avis de la section Finances. Guerre, Marine, etc., du Conseil d'Etat de 21 juillet 1885 sur la responsabilité des administrateurs (Arrêt du 13 février 1895, C. d'Etat). Il paraît cependant résulter, des termes de l'art. 112 du D. du 20 Novembre 1882, que cette responsabilité peut être mise en cause par le Gouverneur en conseil privé, sauf recours contre les arrêtés portant rejet.

Il faut ajouter enfin que, comme les comptables, ils sont sujet à des poursuites judiciaires s'ils se sont appropriés des deniers de l'Etat par malversation ou par fraude, mais, ici, ils sont justiciables des tribunaux ordinaires et passibles de peines prévues par le Code pénal.

APPENDICE

Les Colonies Anglaises

A différentes reprises, on a été amené à comparer notre législation avec le régime des colonies anglaises. C'est, qu'en effet, le système anglais, différant totalement du nôtre, peut contenir parfois d'utiles enseignements.

Il reste à compléter par une vue d'ensemble les quelques points de la législation anglaise dont il a été parlé au cours de ce travail.

Mettant à part l'Inde, qui a une organisation toute spéciale et un budget considérable qui s'équilibre en recettes et en dépenses, les colonies anglaises se divisent en deux grandes catégories :

A. — Les colonies responsables ;

B. — Les colonies de la couronne.

A. — Les colonies responsables sont au nombre de onze : Canada, Cap, Terre-Neuve, toutes les colonies de l'Australie.

Ces colonies ont leurs Parlements, leurs ministres, leurs administrateurs. La Grande-Bretagne les représente dans leurs rapports avec les puissances étrangères et nomme le gouverneur, qui a un simple droit de veto. Son traitement est aux frais de la colonie, dont le budget est tout-à-fait indépendant de la mère-patrie qui ne participe en rien aux dépenses.

La métropole ne connaît les finances locales que par la réception périodique de quelques documents qui lui sont transmis à titre documentaire.Elle n'a rien à voir dans leurs services de Trésorerie. Ces colonies se suffisent et règlent librement leurs budgets, leurs recettes et dépenses et leurs emprunts (que la métropole ne garantit pas), leurs placements, leurs impôts. Les terres domaniales sont vendues ou louées à leur profit. Tout le personnel administratif est rétribué par elles.

B. — Les colonies de la Couronne « Crown Colonies » plus nombreuses sont administrées chacune par un gouverneur nommé par le gouvernement anglais et dirigé par lui.

Cinq de ces colonies n'ont pas de conseil législatif et dépendent exclusivement du gouverneur qui a tous les pouvoirs, ce sont : Gibraltar, Labuan, Sainte-Hélène, Basutoland, Zululand.

Seize ont un conseil législatif nommé par le gouverneur, ce sont : la Nouvelle Guinée, Ceylan, Faklands, Figi, Gambie, Trinidad et Tobago, Gold Coast, Grenada, Hong-Kong, Lagos, Santa-Lucia, Saint-Vincent, Seychelles, Sierra-Leone, Turks-Islands, British Honduras.

Neuf ont un conseil législatif nommé en majorité par le gouverneur et le reste à l'élection, ce sont : la Guinée Anglaise, Malte, Maurice, Bahamas, Barbados, Bermuda, Jamaïca, Lewards-Islands, Chypre (1).

Les colonies de la Couronne sont sous l'administration du « Colonial Office » (Ministère des Colonies) par l'intermédiaire des gouverneurs nommés par la Reine, qui ont une

(1) V. Colonial office List, 1896.

grande autorité et beaucoup d'indépendance. Pour toutes les affaires d'une certaine importance, ils doivent en référer néanmoins au secrétaire d'Etat à Londres, mais ils se prononcent sur les questions secondaires, nomment à tous les emplois au-dessous de 2,500 fr. et font leurs propositions pour ceux de 2.500 à 5,000 fr. Les emplois supérieurs sont donnés par le Ministre des Colonies, qui ne s'occupe que des questions importantes, laissant les décisions d'ordre secondaire aux deux sous-secrétaires d'Etat, l'un permanent, l'autre parlementaire, ainsi qu'aux trois directeurs, qui ont le droit de signer un certain nombre de pièces et de se prononcer sur beaucoup d'affaires.

Les colonies de la couronne ont une organisation financière distincte de celle du Royaume-Uni. Elles ont leurs revenus propres : domaines, douanes à caractère exclusivement fiscal, postes, impôts de consommation.

Leurs opérations financières ne sont pas rattachées, même pour ordre, au budget de l'Etat. Cette séparation n'est pas l'indépendance, car le gouvernement métropolitain (colonial office) surveille et dirige quelquefois. Dans quelques Crown Colonies, la métropole affirme son autorité par un droit de veto, elle demeure ainsi maitresse de la loi.

Le secrétaire de la Colonie prépare le budget, examine et centralise les propositions que lui adressent les différents chefs de service. Le budget est soumis au gouverneur chargé de le proposer et de présenter en même temps les voies et moyens destinés à faire face aux dépenses prévues. La création d'impôts nouveaux, le changement de taxe que pourrait nécessiter l'équilibre budgétaire sont l'objet de lois spéciales. Si la colonie n'a pas de législation, le gouvernement arrête lui-même la loi de finances et la proclame après homologation de la Reine.

Les assemblées et conseils législatifs discutent et votent les crédits sans avoir la faculté d'augmenter le chiffre de dépenses proposé par le gouvernement de la Colonie, le droit d'amendement ne peut s'exercer que dans le sens d'une diminution de charge (1).

Pour les besoins imprévus sont institués les budgets supplémentaires. Dans le cas d'urgence le gouverneur engage les crédits qu'il doit faire ratifier ensuite. Les crédits votés sont spéciaux par chapitres ou articles suivant les Colonies.

L'exercice va du 1er janvier au 31 décembre, quelquefois cependant du 1er avril au 31 mars ou même du 1er juillet au 30 juin. L'exercice est de douze mois sans prolongation de délai pour le règlement des services faits ou des droits acquis ; on ne rencontre pas d'opérations sur exercice clos.

Le budget ne constitue pas par lui-même la loi de finances. Il faut, pour autoriser les dépenses, une loi ou une ordonnance dite « d'appropriation » dont le budget n'est en quelque sorte que l'annexe et le développement. Le budget et la loi d'appropriation sont soumis au secrétaire d'Etat qui examine et approuve après observation, s'il y a lieu. Dans l'examen du budget, le Colonial Office porte principalement son attention sur les augmentations de dépenses, les chiffres de l'exercice précédent sont toujours mis en regard des crédits prévus pour l'année courante. De plus, afin de faciliter les comparaisons, tous ces budgets sont dressés d'après un modèle uniforme.

La rigueur du contrôle s'atténue avec la prospérité financière. Si la colonie est en décadence ou à ses débuts, le droit

(1) Le § 2 de l'art. 33 de la loi de finances 1900, contient, in fine, une disposition presque analogue. V. Chapitre II, Section II.

de représentation, de rectification, de réduction s'exerce largement.

Ayant à diriger et à surveiller cette administration des Crown Colonies, la Métropole se montre, avant tout, économe de ses deniers et fait payer aux Colonies, la totalité de leurs dépenses dès qu'elles le peuvent. Elle tend à faire prévaloir partout des procédés uniformes. Elle adresse à ses gouverneurs des instructions détaillées. Elle place dans chaque établissement un fonctionnaire de l'*Audit* (1) colonial indépendant du gouverneur.

Les subventions, quand il y en a, sont entourées des plus minutieuses formalités : Justifications détaillées présentées au Parlement. Budget des colonies subventionnées soumis chaque année à la Trésorerie et jusqu'à complet règlement. Ces subventions d'ailleurs ont, en Angleterre, un caractère qui leur fait défaut en France. Si la Colonie bénéficiaire revient à la fortune, arrive de nouveau à se suffire largement, les subventions sont considérées comme des avances remboursables au trésor métropolitain.

Enfin, dans chaque colonie, un Agent supérieur dirige et surveille sous l'autorité du gouverneur la comptabilité et la Trésorerie. Il assure le service de la dépense et la perception des revenus. Il est responsable de sa gestion, présente ses comptes à l'*Audit* local. Il est également soumis à l'inspection inopinée. Il possède une forte encaisse qui équivaut en général à la dépense d'un mois. Le reliquat des fonds coloniaux est déposé dans une banque choisie par le gouverneur en Conseil. Cette désignation doit être approuvée

(1) Le Conseil de l'*Audit*, présidé et dirigé par un contrôleur auditeur général, est chargé de l'examen des comptes publics. C'est notre Inspection des Colonies.

par le pouvoir Central quelquefois même, cette banque ainsi choisie, est chargée de l'encaisse des fonds publics et du paiement des dépenses.

Mais, hors de la colonie, comment sont perçues les recettes, comment sont payées les dépenses. Quels sont les organes du service financier de la colonie au dehors? Il y a lieu de distinguer ici les colonies responsables et les colonies de la Couronne.

A) *Agents généraux.* — Chaque Colonie autonome excepté Terre-Neuve, a, à Londres, son agent général commissionné par elle et qui la représente dans le Royaume-Uni. C'est sur lui que repose son service financier au dehors. Le système est complété par la désignation d'une ou plusieurs banques appelées à recevoir les deniers publics que les colonies conservent à Londres pour le règlement de leurs transactions, et par la délégation que le gouverneur fait à des commissaires spéciaux du droit d'autoriser les mouvements ou les retraits de fonds ainsi déposés.

L'agent général se procure par voie d'adjudication limitée les fournitures de toutes sortes dont la colonie a besoin tous approvisionnements de quelque nature qu'ils soient, même ceux très spéciaux des travaux publics.

C'est aussi l'agent général qui négocie les emprunts incessants que les colonies autonomes contractent à Londres.

B) *Agents de la Couronne.* — Les colonies de la Couronne, au lieu d'entretenir chacune un mandataire spécial, s'adressent obligatoirement à une Agence dirigée par deux fonctionnaires : « les Crown Agents », nommés par la Métropole, rénumérés par les colonies moyennant des remises fixes et proportionnelles. Ils ont des attributions commerciales et financières. Les Crown agents sont chargés, en Angleterre, de toutes les transactions des Colonies de la

Couronne, s'occupent des emprunts et de tous les approvisionnements.

Ces Crown agents ont leurs bureaux au Colonial Office. Ils ne relèvent cependant que des colonies qui les emploient et c'est comme étant lui-même le représentant des gouvernements coloniaux que le Colonial office contrôle et les dirige dans les matières importantes.

Les recettes et les dépenses de l'agence décrites distinctement par colonies, sont rattachées à la comptabilité des trésoriers coloniaux. Les écritures des agents de la couronne sont rapprochées de celles des banques de dépôts.

Enfin, les colonies doivent toujours avoir des provisions suffisantes en Angleterre, sinon les Crown agents tirent sur les gouvernements locaux.

Cette rapide exposition fera apparaître qu'en Angleterre les colonies autonomes, comme les colonies de la Couronne, peuvent toutes déterminer la législation qui leur convient ; que toutes sont indépendantes financièrement de la Métropole ; que toutes peuvent arrêter leurs dépenses, voter leurs tarifs douaniers, emprunter. Mais. dans certaines, ces prérogatives appartiennent aux représentants des habitants et échappent au Contrôle de la Métropole. dans d'autres. elles sont exercées par les représentants de la Couronne avec ou sans le concours d'habitants désignés par l'élection ou choisis par le gouverneur.

Avec ce régime, les colonies anglaises, à de rares exceptions près, ont des finances prospères, plus prospères que les nôtres. Les Colonies Anglaises sont en mesure de payer toutes leurs dépenses avec leurs propres recettes et le Budget des dépenses civiles du Colonial Office ne s'élève qu'à un chiffre relativement faible.

CONCLUSION

Des budgets locaux. — Une réforme

Ce travail se place à un moment où l'organisation du budget local vient de subir une modification considérable et qu'on ne peut équitablement juger puisqu'elle n'a pas encore été appliquée. Cependant, il est permis de croire qu'elle atteindra le but que s'est proposé le Parlement de diminuer les charges qu'imposent les colonies à l'Etat. En effet, le principe de cette modification apportée à la législation financière, a été nettement appliquée dans trois de nos jeunes colonies, à la Guinée, à la Côte d'Ivoire et au Dahomey. La vitalité de ces possessions n'est plus à démontrer. Chaque année voit augmenter les recettes de leurs budgets locaux, chaque règlement d'exercice fait s'accroître leurs caisses de réserve. La Guinée a pu gager un emprunt sur ses seules ressources, avec sa seule garantie ; le Dahomey, dont les comptes accusent toujours un fort excédent de recettes, va entreprendre la construction de l'infrastructure du premier tronçon de son chemin de fer sur les fonds de sa caisse de réserve. N'est-ce pas d'ailleurs sur ce compte que cette colonie a payé les frais d'occupation de son hinterland et les dépenses engagées, en 1897, par les missions Baud, Bretonnet, Ganier. Ces trois colonies paient toutes leurs dépenses sans exception et ne demandent aucune subvention à la métropole. Elles sont cependant toutes récentes. La Guinée, anciennes Rivières du Sud, devenue depuis la colonie prospère que l'on sait grâce à la ténacité du gouverneur, le docteur Ballay, ne date que de ces dernières années. Il n'y a pas longtemps que M. Binger a donné à la France, sans coup férir, la Côte d'Ivoire. Ce n'est qu'après la guerre que le gouverneur Ballot a organisé le Dahomey, a occupé le nord, posé et développé une organisation brillante par ses résultats politiques et financiers. Bien mieux, la convention franco-anglaise du 14 juin 1898 empêche l'établissement à la Côte d'Ivoire et au Dahomey d'un régime douanier proprement dit. Le Dahomey y avait déjà renoncé. Un arrêté local du 22 décembre 1897 avait créé une taxe de consommation à acquitter par les marchandises ou produits de toute origine et de toute provenance consommés dans la colonie.

Le gouverneur de la Côte d'Ivoire suivit cet exemple en fixant, par un arrêté local du 19 juin 1899, la taxe de consommation à acquitter par les marchandises ou produits de toute origine et de toute provenance acquittés dans la Colonie;

Devant ce magnifique développement, l'on est autorisé à prévoir qu'un régime, qui se recommande de pareils précédents, pourra donner d'excellents résultats.

Restant sur le continent africain, on rencontre

deux autres possessions ne possédant pas de conseils généraux, le Congo et la Côte française des Somalis.

Les immenses territoires qui forment le Congo sont encore trop rudimentairement organisés, l'ère des explorations est à peine terminée, notre influence aux confins n'est peut être pas encore bien assise, quoique le Commissaire du Gouvernement au Charsi, M. Gentil, vienne d'anéantir la puissance de Rabah, pour qu'il soit possible à cette colonie d'avoir des finances prospères comme les autres possessions de l'Afrique occidentale. L'appoint d'une subvention, diminuant d'année en année, lui serait nécessaire pendant quelques temps encore.

Sur la côte Orientale, à la Côte française de Somalis, le budget était exclusivement alimenté jusque ces dernières années par la dotation métropolitaine. Grâce à des mesures prises récemment (arrêtés locaux du 10 décembre 1899), grâce au développement s'accentuant tous les jours de la ville de Djibouti, grâce au chemin de fer du Harrar, grâce enfin à sa situation géographique qui en fait le débouché naturel de l'empire du Négus Ménélick, cette colonie peut être assurée d'avoir, dans l'avenir, des finances qui lui permettront d'équilibrer ses recettes et ses dépenses.

Enfin, Madagascar est une colonie naissante, à peine pacifiée, et pour laquelle « les critiques seraient prématurées et les marchandages périlleux (1).

En raison des considérations qui viennent d'être

(1) L'Indo Chine jouit d'un régime à part qui a été laissé de côté.

exposées, la commission des budgets locaux n'a pas examiné les budgets ci-dessus. Elle a limité son examen à dix colonies divisées en deux groupes.

a) Celles qui pourraient, dès à présent. supporter toutes leurs dépenses civiles.

b) Celles qui ne le pourront que dans un avenir plus ou moins rapproché.

Dans le premier groupe sont comprises :

Le Sénégal, dont la caisse de réserve atteint le maximum. La situation financière est bien assise et le budget local pourrait supporter les cent et quelques mille francs qui sont prévus pour cette colonie au budget colonial.

La *Guyane* n'a pas de dette publique. La caisse de réserve est encore très riche, ses dépenses facultatives s'élèvent à plus du double des dépenses obligatoires,qui elles-mêmes ont été majorées de 30 à 40 0/0 par rapport aux chiffres fixés par le pouvoir central. Les taxes de consommation sont un des impôts les plus productifs. Elle compte cependant au Budget Colonial près de 400,000 fr.

a) *La Réunion*. Le fonds de réserve atteint un chiffre élevé ; elle n'a pas de dette publique. Les communes y paient, maintenant, en général, leurs dépenses ; la colonie a consenti des libéralités à sa banque locale et un prêt à la ville de Saint-Denis. Et, malgré cette situation, elle figure au budget colonial tant au titre de dépenses civiles qu'à celui de la gendarmerie pour 750,000 fr.

Nul doute que ces possessions puissent se suffire

même sans trop d'efforts, leurs caisses de réserve atteignant le maximum fixé au Décret du 20 novembre 1882, chiffre qu'elles dépassent ou ont dépassé. Elles peuvent donc supporter les dépenses que l'Etat payait chez elles ; alors le contrôle de l'Etat se desserrera pour leurs budgets, un peu plus de liberté sera la récompense d'une habile administration, qui, dès maintenant, peut arriver à équilibrer recettes et dépenses sans le secours de la Métropole.

Au deuxième groupe figurent sept colonies :

Mayotte, petite colonie actuellement assez grevée par le remboursement d'une avance consentie par l'Etat.

L'Inde, dont le budget va en décroissance et à qui il convient de donner la propriété de la rente servie par le gouvernement anglais.

La Martinique, dans le budget de laquelle on rencontre maintes depenses qui reviennent réglementairement aux communes, ce qui rend difficile l'équilibre de ce budget.

La Guadeloupe, où les communes aussi sont dans l'incapacité de payer leurs dépenses les plus importantes lesquelles retombent sur la colonie.

Saint-Pierre et Miquelon, qui demandent à l'Etat plus de 100,000 fr. avec un fonds de réserve de 117 500 fr. (chiffres ronds); à Saint-Pierre également les communes ne vivent que par les subventions ou l'acquittement de leurs dépenses par la colonie.

La Nouvelle-Calédonie, que sa situation spéciale oblige à de fortes dépenses de gendarmerie et de police dont une partie peut légitimement incomber à l'Etat.

Les Etablissements français d'Océanie, grevés de fortes dettes et qui demandent beaucoup à l'Etat sous la forme de subventions qui peut-être diminuent d'année en année.

Après cette rapide revue de la situation financière de nos colonies, on peut donc espérer que la réforme de 1900 donnera les résultats cherchés. Il convient cependant de présenter deux remarques.

D'abord, il serait désirable que les budgets locaux fussent, ainsi que la Commission l'a demandé, reliés les uns aux autres au moyen d'un budget additionnel ou d'un budget rectificatif, comme le sont en France les budgets des communes ou des départements. Les résultats des gestions se transmettraient ainsi d'exercice en exercice et la situation financière de chaque colonie apparaîtrait avec plus de précision.

Ensuite une réforme, indiquée comme conclusion de ce travail et portant non sur les pouvoirs financiers des conseils généraux mais sur leur composition même, pourrait, a-t-il semblé, avoir la plus heureuse influence sur les finances locales.

Les conseils généraux au lieu d'être exclusivement recrutés à l'élection pourraient être composés, sous la présidence du gouverneur, de deux sortes de membres bien distinctes. D'une part on y introduirait des membres officiels, les principaux chefs de service et des hommes choisis par l'administration parmi les plus notables, les plus compétents et les plus remarquables.

Quant aux membres élus, ils comprendraient, cela va sans dire, les représentants du suffrage universel. Les contribuables ont le droit imprescriptible d'être représentés là où sont discutées les taxes et contributions qu'ils auront à payer. Mais, à côté d'eux figureraient d'autres membres nommés, suivant le régime établi pour les élections consulaires des Chambres de commerce et d'agriculture.

Ce système, il est vrai, comporte, pour de pareilles assemblées des pouvoirs plus étendus que ceux attribués aux Conseils généraux. D'accord. Mais le jour où les affaires locales seraient ainsi gérées par une majorité de commerçants et d'agriculteurs sous le contrôle de l'administration, au lieu d'être soumises à l'influence énervante de la politique locale, serait sans doute celui ou sonnerait l'heure des économies.

Vu :
Le Président de la Thèse,
J. LÉVEILLÉ.

Vu : Le Doyen,
GLASSON.

Vu et permis d'imprimer :
Le Vice-Recteur de l'Académie de Paris,
GRÉARD.

TABLE DES MATIÈRES

CHAPITRE III.

CHAPITRE IV.

Paris. — L. BOYER, imprimeur, 15, rue Racine.

ERRATA

Page 146. — Le titre du tableau doit être ainsi modifié : Etat présentant le produit des Taxes de Consommation et des Droits de Douane dans les *Budgets* locaux des recettes.

Page 147. — Au lieu de *schelling*, lire, pour le budget général et les budgets locaux de l'Indo-Chine, *piastres*.

Page 149, dernière ligne. — Le passage suivant : « Tout le domaine public ou privé est *colonial* ou *local*, et non pas *national*, » doit être placé entre guillemets.

Page 176. — Le tableau intercalé entre les *pages 176 et 177* doit figurer entre les *pages 186 et 187*.

www.ingramcontent.com/pod-product-compliance
Ingram Content Group UK Ltd.
Pitfield, Milton Keynes, MK11 3LW, UK
UKHW012023240726
13965UKWH00002B/548

9 782013 074421